Richard von Weizsäcker

„Lernen Sie, miteinander zu leben, nicht gegeneinander"

Richard von Weizsäcker

„Lernen Sie, miteinander zu leben, nicht gegeneinander"

Reden zur Demokratie

Mit einem Vorwort von Wolfgang Schäuble und einem historischen Essay von Edgar Wolfrum

HERDER

FREIBURG · BASEL · WIEN

MIX
Papier aus verantwor-
tungsvollen Quellen
FSC® C014496

© Verlag Herder GmbH, Freiburg im Breisgau 2020
Alle Rechte vorbehalten
www.herder.de

Mit freundlicher Genehmigung des Bundespräsidialamtes, Berlin

Umschlaggestaltung: Verlag Herder
Umschlagmotiv: © Scott Wilson / Alamy Stock Photo
Satz: Röser Media, Karlsruhe
Herstellung: GGP Media GmbH, Pößneck

Printed in Germany

ISBN Print: 978-3-451-07218-5
ISBN E-Book: 978-3-451-81990-2

Inhalt

Weitsichtig, unabhängig,
verbindend – über Richard von Weizsäcker
Vorwort von Wolfgang Schäuble 6

Gedenkveranstaltung im Plenarsaal des
Deutschen Bundestages zum 40. Jahrestag
des Endes des Zweiten Weltkrieges in Europa,
Bonn, 8. Mai 1989 13

40 Jahre Grundgesetz der
Bundesrepublik Deutschland –
Staatsakt in der Beethovenhalle
in Bonn, 24. Mai 1989 36

Staatsakt zum Tag der deutschen Einheit,
Berlin, 3. Oktober 1990 62

Die lernende Demokratie. Richard von Weizsäcker
und die historische Verortung der Bundesrepublik
Ein Essay von Edgar Wolfrum 85

Richard von Weizsäcker – biografische Daten 111

Weitsichtig, unabhängig, verbindend – über Richard von Weizsäcker
Vorwort von Wolfgang Schäuble

"Jedes Leben hat seinen Sinn und seine eigene Würde": Das sagte beim Staatsakt am 3. Oktober 1990 – dem Tag der deutschen Einheit – Richard von Weizsäcker. Er selbst hatte diese Haltung verinnerlicht, sie war der Kompass seines Denkens und politischen Handelns. Aus ihr speist sich die Kraft und Autorität, die in seinen Reden bis heute nachwirkt. Sein Leben und die Geschichte seiner Familie spiegeln die deutsche Zeitgeschichte wider. Für Richard von Weizsäcker lag darin eine Verpflichtung. Er habe, sagte er einmal, nach seiner Zeit als Jurist, Parlamentarier, Regierender Bürgermeister von Berlin und Staatsoberhaupt als Zeitzeuge seinen „fünften Beruf" gefunden. 1920 geboren hat Richard von Weizsäcker den Niedergang der Weimarer Republik, den Aufstieg des Nationalsozialismus und als Soldat die Schrecken des Zweiten Weltkrieges erlebt. Auf den Zusammenbruch des „Dritten Reichs" folgten die politischen und ökonomischen Neuanfänge unter den Bedingungen des Kalten Krieges, der Mauerbau und die Teilung der Nation. Die glücklichsten Wendungen der jüngeren deutschen Geschichte begleitete von Weizsäcker auf seinem späteren Lebensweg: Den Fall der Berliner Mauer und des Eisernen

Vorhangs, die deutsche und europäische Einheit, und dann noch einmal zweieinhalb Jahrzehnte des wiedervereinigten Deutschlands – mit neuer Rolle und neuen Aufgaben. Richard von Weizsäcker hatte zu seinem Heimatland eine enge, emotionale Bindung. Die Menschen spürten das, wenn er über Deutschland sprach. Seine Persönlichkeit hatte viele Dimensionen, auch jenseits der Politik: Er war in Musik, Literatur und bildender Kunst gleichermaßen zu Hause, religiös ohne frömmlerisch zu sein, mit Erfahrungen in der privaten Wirtschaft, voller Freude am Sport. Und über all dem war er ein liebenswürdiger, ein verbindender und ein verbindlicher Mensch – mit umfassender Bildung, die eben auch Herzensbildung war. Seine aufmerksame Art für Menschen da zu sein, gerade wenn es ihnen einmal nicht gut geht, habe ich auch selbst erlebt.

Richard von Weizsäcker verkörperte politische Autorität und persönliche Zuwendung zugleich. Er sprach stets für alle verständlich, obwohl doch immer differenziert und nachdenklich – auch darin ein Vorbild, gerade in der heutigen Zeit, die zunehmend von großer Aufgeregtheit und dadurch auch von wachsender Aggressivität geprägt ist. Er konnte anderen das Gefühl geben, in diesem Moment allein für sein Gegenüber da zu sein. Das machte seine Ausstrahlung faszinierend, ließ ihn höchste Achtung finden. Diese Wirkung hatte er in einer Gesellschaft, die von ihren alten Eliten der Vorkriegszeit in mehrfacher Hinsicht abgeschnitten war, von ihnen aus manch guten Gründen auch gar nichts mehr wissen wollte. Und doch verdankte sich vieles in seinem Auftreten, in seinem Charakter, in seiner

Persönlichkeit gerade seiner Herkunft aus eben diesen alten deutschen Eliten. Seine Vorfahren waren Gelehrte, Staatsdiener und Diplomaten, Angehörige eines leistungsorientierten Großbürgertums. In Richard von Weizsäcker hatte etwas von dem alten Deutschland überlebt und nahm republikanische Form an. Ich bin mir nicht sicher, ob allen so klar war, dass sie in ihm etwas liebten, was sie theoretisch eigentlich gar nicht mehr haben wollten.

So verband sich mit Richard von Weizsäckers außergewöhnlicher Wirkung und Ausstrahlung auch eine Gefahr. Die Gefahr nämlich, dass in seinem Glanz die alltägliche Politik mehr verblasste, als sie es verdiente und verdient.

Kaum ein Rückblick auf sein Leben kommt ohne die Würdigung von Marion Gräfin Dönhoff aus. Sie schrieb in der ZEIT: „Wenn man einen idealen Bundespräsidenten synthetisch herstellen könnte, dann würde dabei kein anderer als Richard von Weizsäcker herauskommen."

Das Kompliment ist zweischneidig: Denn auch die Kritik an den politischen Parteien, die Richard von Weizsäcker gerne übte, war Teil dieser Idealisierung. Dahinter mag auch der weit verbreitete Wunsch nach Staatsmännern stehen, die über die Niederungen der Parteipolitik erhaben sind. Doch unser Grundgesetz sieht die Parteien als Träger der politischen Willensbildung vor – sie sind konstitutiv für unsere Demokratie. Es wäre jedenfalls falsch in Richard von Weizsäcker das Gegenbild zur Politik zu sehen. Ich glaube auch, dass er das nicht gewollt hat. Er repräsentierte eine andere, beeindruckende Form von Politik: Wie sie sein kann, wie sie sein sollte, und wie sie – in unendlichen Abstufungen – auch ist.

Richard von Weizsäcker, der so sehr über den Parteien und über der Parteipolitik zu stehen schien, war auch Parteipolitiker. Er war Christdemokrat und Bundestagsabgeordneter. Als nach dem Rücktritt von Rainer Barzel 1973 ein neuer Fraktionsvorsitzender in der CDU/CSU zu wählen war, war er der Hoffnungsträger vieler von uns Jüngeren, so wie Helmut Kohl, der damals Parteivorsitzender wurde. Es war die Zeit nicht nur der großen Debatten um die Ost- und Deutschland-Politik, sondern auch der Neubesinnung der Union nach ihrem Abschied aus der Regierungsverantwortung 1969. Die Welt und die deutsche Gesellschaft waren im Umbruch – von der Entspannungspolitik über den in den ersten beiden Jahrzehnten der Nachkriegszeit aufgestauten Reformbedarf, der in die 68er-Turbulenzen mündete, bis zur Perversion des RAF-Terrorismus in der zweiten Hälfte der siebziger Jahre.

Richard von Weizsäcker leitete die Grundsatzkommission der CDU, die für die weitere Entwicklung dieser großen Volkspartei der Mitte bestimmend wurde. Schon damals hat er seine Gabe eindrucksvoll unter Beweis gestellt, ein freiheitlich verfasstes Gebilde bei allen auseinander strebenden Interessen und Verschiedenheiten zusammenzuhalten und ihm Richtung zu geben. Diese Gabe bewährte sich in seiner Zeit als Regierender Bürgermeister so sehr, dass sich viele Berlin gar nicht mehr ohne ihn vorstellen mochten, als er Bundespräsident wurde. Er hat diese Enttäuschung mancher in Berlin vielfältig wettgemacht. So konnte er ein von allen geachtetes Staatsoberhaupt sein: unabhängig, unparteiisch, oftmals unbequem, aber immer respektiert.

Deswegen ist es kein Gegensatz: das Engagement für unsere Demokratie in und durch eine politische Partei und zugleich Unparteilichkeit, Unabhängigkeit. Das alles ist Richard von Weizsäckers großartiger Persönlichkeit geschuldet. Im eigenen Standpunkt festgegründet, waren ihm andere Meinungen, Anderssein, nie Bedrohung, sondern Bereicherung. So hat er gewirkt, als Bundespräsident und danach.

Die Macht des Bundespräsidenten beschränkt sich weitestgehend auf die Kraft des gesprochenen Wortes. Richard von Weizsäcker wusste sie zu beispielhaft nutzen. In jüngster Vergangenheit wurden die Stimmen derjenigen wieder lauter, die vergessen, verschweigen oder verdrehen wollen, was unter der Herrschaft der Nationalsozialisten geschehen ist und von wem es getan wurde. Umso dankbarer können wir Richard von Weizsäcker sein, dass er unserem Land geholfen hat, seinen Weg einer mutigen und ehrlichen Erinnerungskultur zu finden, die bis in unsere Gegenwart wirkt.

Seine Rede vom 8. Mai 1985, am 40. Jahrestag der bedingungslosen Kapitulation des „Dritten Reiches", ist für viele die bedeutendste politische Rede der deutschen Nachkriegsgeschichte. Durch sie wurde er für die Bundesrepublik zu einer geistig-moralischen Autorität, die mit ihren Botschaften weit über seine Amtszeit hinaus Gehör und Anerkennung fand. In aller Klarheit benannte der Bundespräsident den Tag der Niederlage als „Tag der Befreiung", forderte die Deutschen auf, sich der Verantwortung für die dunkelsten Kapitel ihrer nationalen Geschichte zu stellen: „Wir alle, ob schuldig oder nicht, ob alt oder jung, müssen die Vergangenheit annehmen. Wir alle sind von den Folgen betroffen und für sie in Haftung genommen." Andere, auch im höchsten Staatsamt, hatten diesen Gedanken schon früher zum Ausdruck gebracht. Doch erst mit dieser Rede brach er sich im Denken und Gedenken des wiedervereinigten Deutschlands endgültig Bahn.

„Lernen Sie, miteinander zu leben, nicht gegeneinander": Auch diese Botschaft stammt aus Richard von Weizsäckers Rede zum 40. Jahrestag des Kriegsendes. Sie hat nicht an Aktualität eingebüßt. So wie viele der richtungsweisenden Impulse, die Richard von Weizsäcker an historischen Wegmarken gegeben hat. Anlässlich 40 Jahre Grundgesetz erinnerte er 1989 daran, dass es in der Weimarer Zeit nicht zu früh zu viele Extremisten gegeben hatte, sondern zu lange zu wenige Demokraten. Die Botschaft, nicht für selbstverständlich zu nehmen, was immer neu erarbeitet und auch verteidigt werden muss, klingt heute aktueller denn je. Auch für die Bundesrepublik gilt: Ohne demokratisches Engagement keine lebendige Demokratie. Beim Staatsakt zur Wiedervereinigung mahnte er an, dass das Zusammenwachsen des wiedervereinigten Deutschlands nur gelingt, wenn die Erfahrungen und Leistungen der Menschen auf beiden Seiten der gefallenen Mauer gesehen und wechselseitig gewürdigt werden – auch hier bewies er große Weitsicht und antizipierte Debatten, die uns noch heute bewegen. Dieser Band versammelt drei Reden, die Deutschland geprägt haben – so wie Richard von Weizäcker das Bild des Bundespräsidenten prägte. Und das so nachhaltig, dass es sich gelegentlich anfühlt, als sei er nie aus dem Amt geschieden. Eigentlich ist er immer unser Präsident geblieben, und er hat dabei keinem seiner Amtsnachfolger etwas weggenommen. Im Gegenteil. Diese große Persönlichkeit ist über alle gut formulierten Gedanken in seinen Reden hinaus am Ende vielleicht der wahre Grund, warum Richard von Weizsäcker so sehr helfen konnte, uns Deutsche mit uns und die Welt mit Deutschland zu versöhnen.

Gedenkveranstaltung im Plenarsaal des Deutschen Bundestages zum 40. Jahrestag des Endes des Zweiten Weltkrieges in Europa, Bonn, 8. Mai 1989

I.

Viele Völker gedenken heute des Tages, an dem der Zweite Weltkrieg in Europa zu Ende ging. Seinem Schicksal gemäß hat jedes Volk dabei seine eigenen Gefühle. Sieg oder Niederlage, Befreiung von Unrecht und Fremdherrschaft oder Übergang zu neuer Abhängigkeit, Teilung, neue Bündnisse, gewaltige Machtverschiebungen – der 8. Mai 1945 ist ein Datum von entscheidender historischer Bedeutung in Europa.

Wir Deutsche begehen den Tag unter uns, und das ist notwendig. Wir müssen die Maßstäbe allein finden. Schonung unserer Gefühle durch uns selbst oder durch andere hilft nicht weiter. Wir brauchen und wir haben die Kraft, der Wahrheit so gut wir es können ins Auge zu sehen, ohne Beschönigung und ohne Einseitigkeit.

Der 8. Mai ist für uns vor allem ein Tag der Erinnerung an das, was Menschen erleiden mussten. Er ist zugleich ein Tag des Nachdenkens über den Gang unserer Geschichte. Je ehrlicher wir ihn begehen, desto freier sind wir, uns seinen Folgen verantwortlich zu stellen.

Der 8. Mai ist für uns Deutsche kein Tag zum Feiern. Die Menschen, die ihn bewusst erlebt haben, denken an ganz persönliche und damit ganz unterschiedliche Erfahrungen zurück. Der eine kehrte heim, der andere wurde heimatlos. Dieser wurde befreit, für jenen begann die Gefangenschaft. Viele waren einfach nur dafür dankbar, dass Bombennächte und Angst vorüber und sie mit dem Leben davongekommen waren. Andere empfanden Schmerz über die vollständige Niederlage des eigenen Vaterlandes. Verbittert standen Deutsche vor zerrissenen Illusionen, dankbar andere Deutsche vor dem geschenkten neuen Anfang.

Es war schwer, sich alsbald klar zu orientieren. Ungewissheit erfüllte das Land. Die militärische Kapitulation war bedingungslos. Unser Schicksal lag in der Hand der Feinde. Die Vergangenheit war furchtbar gewesen, zumal auch für viele dieser Feinde. Würden sie uns nun nicht vielfach entgelten lassen, was wir ihnen angetan hatten?

Die meisten Deutschen hatten geglaubt, für die gute Sache des eigenen Landes zu kämpfen und zu leiden. Und nun sollte sich herausstellen: Das alles war nicht nur vergeblich und sinnlos, sondern es hatte den unmenschlichen Zielen einer verbrecherischen Führung gedient. Erschöpfung, Ratlosigkeit und neue Sorgen kennzeichneten die Gefühle der meisten. Würde man noch eigene Angehörige finden? Hatte ein Neuaufbau in diesen Ruinen überhaupt Sinn?

Der Blick ging zurück in einen dunklen Abgrund der Vergangenheit und nach vorn in eine ungewisse dunkle Zukunft.

Und dennoch wurde von Tag zu Tag klarer, was es heute für uns alle gemeinsam zu sagen gilt: Der 8. Mai war ein Tag der Befreiung. Er hat uns alle befreit von dem menschenverachtenden System der nationalsozialistischen Gewaltherrschaft.

Niemand wird um dieser Befreiung willen vergessen, welche schweren Leiden für viele Menschen mit dem 8. Mai erst begannen und danach folgten. Aber wir dürfen nicht im Ende des Krieges die Ursache für Flucht, Vertreibung und Unfreiheit sehen. Sie liegt vielmehr in seinem Anfang und im Beginn jener Gewaltherrschaft, die zum Krieg führte.

Wir dürfen den 8. Mai 1945 nicht vom 30. Januar 1933 trennen.

Wir haben wahrlich keinen Grund, uns am heutigen Tag an Siegesfesten zu beteiligen. Aber wir haben allen Grund, den 8. Mai 1945 als das Ende eines Irrweges deutscher Geschichte zu erkennen, das den Keim der Hoffnung auf eine bessere Zukunft barg.

II.

Der 8. Mai ist ein Tag der Erinnerung. Erinnern heißt, eines Geschehens so ehrlich und rein zu gedenken, dass es zu einem Teil des eigenen Innern wird. Das stellt große Anforderungen an unsere Wahrhaftigkeit.

Wir gedenken heute in Trauer aller Toten des Krieges und der Gewaltherrschaft.

Wir gedenken insbesondere der sechs Millionen Juden, die in deutschen Konzentrationslagern ermordet wurden.

Wir gedenken aller Völker, die im Krieg gelitten haben, vor allem der unsäglich vielen Bürger der Sowjetunion und der Polen, die ihr Leben verloren haben.

Als Deutsche gedenken wir in Trauer der eigenen Landsleute, die als Soldaten, bei den Fliegerangriffen in der Heimat, in Gefangenschaft und bei der Vertreibung ums Leben gekommen sind.

Wir gedenken der ermordeten Sinti und Roma, der getöteten Homosexuellen, der umgebrachten Geisteskranken, der Menschen, die um ihrer religiösen oder politischen Überzeugung willen sterben mussten.

Wir gedenken der erschossenen Geiseln.

Wir denken an die Opfer des Widerstandes in allen von uns besetzten Staaten.

Als Deutsche ehren wir das Andenken der Opfer des deutschen Widerstandes, des bürgerlichen, des militärischen und glaubensbegründeten, des Widerstandes in der Arbeiterschaft und bei Gewerkschaften, des Widerstandes der Kommunisten.

Wir gedenken derer, die nicht aktiv Widerstand leisteten, aber eher den Tod hinnahmen, als ihr Gewissen zu beugen.

Neben dem unübersehbar großen Heer der Toten erhebt sich ein Gebirge menschlichen Leids,
Leid um die Toten,
Leid durch Verwundung und Verkrüppelung,
Leid durch unmenschliche Zwangssterilisierung,
Leid in Bombennächten,

Leid durch Flucht und Vertreibung, durch Vergewaltigung und Plünderung, durch Zwangsarbeit, durch Unrecht und Folter, durch Hunger und Not,
Leid durch Angst vor Verhaftung und Tod,
Leid durch Verlust all dessen, woran man irrend geglaubt und wofür man gearbeitet hatte.

Heute erinnern wir uns dieses menschlichen Leids und gedenken seiner in Trauer.

Den vielleicht größten Teil dessen, was den Menschen aufgeladen war, haben die Frauen der Völker getragen.

Ihr Leiden, ihre Entsagung und ihre stille Kraft vergisst die Weltgeschichte nur allzu leicht. Sie haben gebangt und gearbeitet, menschliches Leben getragen und beschützt. Sie haben getrauert um gefallene Väter und Söhne, Männer, Brüder und Freunde.

Sie haben in den dunkelsten Jahren das Licht der Humanität vor dem Erlöschen bewahrt.

Am Ende des Krieges haben sie als Erste und ohne Aussicht auf eine gesicherte Zukunft Hand angelegt, um wieder einen Stein auf den anderen zu setzen, die Trümmerfrauen in Berlin und überall.

Als die überlebenden Männer heimkehrten, mussten Frauen oft wieder zurückstehen. Viele Frauen blieben aufgrund des Krieges allein und verbrachten ihr Leben in Einsamkeit.

Wenn aber die Völker an den Zerstörungen, den Verwüstungen, den Grausamkeiten und Unmenschlichkeiten innerlich nicht zerbrachen, wenn sie nach dem Krieg langsam wieder zu sich selbst kamen, dann verdanken wir es zuerst unseren Frauen.

III.
Am Anfang der Gewaltherrschaft hatte der abgrundtiefe Hass Hitlers gegen unsere jüdischen Mitmenschen gestanden. Hitler hatte ihn nie vor der Öffentlichkeit verschwiegen, sondern das ganze Volk zum Werkzeug dieses Hasses gemacht. Noch am Tag vor seinem Ende am 30. April 1945 hatte er sein sogenanntes Testament mit den Worten abgeschlossen: „Vor allem verpflichte ich die Führung der Nation und die Gefolgschaft zur peinlichen Einhaltung der Rassegesetze und zum unbarmherzigen Widerstand gegen den Weltvergifter aller Völker, das internationale Judentum."

Gewiss, es gibt kaum einen Staat, der in seiner Geschichte immer frei blieb von schuldhafter Verstrickung in Krieg und Gewalt. Der Völkermord an den Juden jedoch ist beispiellos in der Geschichte.

Die Ausführung des Verbrechens lag in der Hand weniger. Vor den Augen der Öffentlichkeit wurde es abgeschirmt. Aber jeder Deutsche konnte miterleben, was jüdische Mitbürger erleiden mussten, von kalter Gleichgültigkeit über versteckte Intoleranz bis zu offenem Hass.

Wer konnte arglos bleiben nach den Bränden der Synagogen, den Plünderungen, der Stigmatisierung mit dem Judenstern, dem Rechtsentzug, der unaufhörlichen Schändung der menschlichen Würde?

Wer seine Ohren und Augen aufmachte, wer sich informieren wollte, dem konnte nicht entgehen, dass Deportationszüge rollten. Die Fantasie der Menschen mochte für Art und Ausmaß der Vernichtung nicht ausreichen. Aber in Wirklichkeit trat zu den Verbrechen selbst der Versuch allzu vieler, auch in meiner Generation, die wir jung und an der Planung und Ausführung der Ereignisse unbeteiligt waren, nicht zur Kenntnis zu nehmen, was geschah.

Es gab viele Formen, das Gewissen ablenken zu lassen, nicht zuständig zu sein, wegzuschauen, zu schweigen. Als dann am Ende des Krieges die ganze unsagbare Wahrheit des Holocaust herauskam, beriefen sich allzu viele von uns darauf, nichts gewusst oder auch nur geahnt zu haben.

Schuld oder Unschuld eines ganzen Volkes gibt es nicht. Schuld ist, wie Unschuld, nicht kollektiv, sondern persönlich.

Es gibt entdeckte und verborgen gebliebene Schuld von Menschen. Es gibt Schuld, die sich Menschen eingestanden oder abgeleugnet haben. Jeder, der die Zeit mit vollem Bewusstsein erlebt hat, frage sich heute im Stillen selbst nach seiner Verstrickung.

Der ganz überwiegende Teil unserer heutigen Bevölkerung war zur damaligen Zeit entweder im Kindesalter oder noch gar nicht geboren. Sie können nicht eine eigene Schuld bekennen für Taten, die sie gar nicht begangen haben.

Kein fühlender Mensch erwartet von ihnen, ein Büßerhemd zu tragen, nur weil sie Deutsche sind. Aber die Vorfahren haben ihnen eine schwere Erbschaft hinterlassen.

Wir alle, ob schuldig oder nicht, ob alt oder jung, müssen die Vergangenheit annehmen. Wir alle sind von ihren Folgen betroffen und für sie in Haftung genommen.

Jüngere und Ältere müssen und können sich gegenseitig helfen zu verstehen, warum es lebenswichtig ist, die Erinnerung wachzuhalten.

Es geht nicht darum, Vergangenheit zu bewältigen. Das kann man gar nicht. Sie lässt sich ja nicht nachträglich ändern oder ungeschehen machen. Wer aber vor der Vergangenheit die Augen verschließt, wird blind für die Gegenwart. Wer sich der Unmenschlichkeit nicht erinnern will, der wird wieder anfällig für neue Ansteckungsgefahren.

Das jüdische Volk erinnert sich und wird sich immer erinnern. Wir suchen als Menschen Versöhnung.

Gerade deshalb müssen wir verstehen, dass es Versöhnung ohne Erinnerung gar nicht geben kann. Die Erfahrung millionenfachen Todes ist ein Teil des Innern jedes Juden in der Welt, nicht nur deshalb, weil Menschen ein solches Grauen nicht vergessen können. Sondern die Erinnerung gehört zum jüdischen Glauben.

„Das Vergessenwollen verlängert das Exil, und das Geheimnis der Erlösung heißt Erinnerung."

Diese oft zitierte jüdische Weisheit will wohl besagen, dass der Glaube an Gott ein Glaube an sein Wirken in der Geschichte ist.

Die Erinnerung ist die Erfahrung vom Wirken Gottes in der Geschichte. Sie ist die Quelle des Glaubens an die Erlösung. Diese Erfahrung schafft Hoffnung, sie schafft Glauben an Erlösung, an Wiedervereinigung des Getrennten, an Versöhnung. Wer sie vergisst, verliert den Glauben.

Würden wir unsererseits vergessen wollen, was geschehen ist, anstatt uns zu erinnern, dann wäre dies nicht nur unmenschlich. Sondern wir würden damit dem Glauben der überlebenden Juden zu nahe treten, und wir würden den Ansatz zur Versöhnung zerstören.

Für uns kommt es auf ein Mahnmal des Denkens und Fühlens in unserem eigenen Inneren an.

IV.
Der 8. Mai ist ein tiefer historischer Einschnitt, nicht nur in der deutschen, sondern auch in der europäischen Geschichte.

Der europäische Bürgerkrieg war an sein Ende gelangt, die alte europäische Welt zu Bruch gegangen. „Europa hatte sich ausgekämpft" (M. Stürmer). Die Begegnung amerikanischer und sowjetrussischer Soldaten an der Elbe wurde zu einem Symbol für das vorläufige Ende einer europäischen Ära.

Gewiss, das alles hatte seine alten geschichtlichen Wurzeln. Großen, ja bestimmenden Einfluss hatten die Europäer in der Welt, aber ihr Zusammenleben auf dem eigenen Kontinent zu ordnen, das vermochten sie immer schlechter. Über hundert Jahre lang hatte Europa unter dem Zusammenprall nationalistischer Übersteigerungen gelitten. Am Ende des Ersten Weltkrieges war es zu Friedensverträgen gekommen. Aber ihnen hatte die Kraft gefehlt, Frieden zu stiften. Erneut waren nationalistische Leidenschaften aufgeflammt und hatten sich mit sozialen Notlagen verknüpft.

Auf dem Weg ins Unheil wurde Hitler die treibende Kraft. Er erzeugte und er nutzte Massenwahn. Eine schwache Demokratie war unfähig, ihm Einhalt zu gebieten. Und auch die europäischen Westmächte, nach Churchills Urteil „arglos, nicht schuldlos", trugen durch Schwäche zur verhängnisvollen Entwicklung bei. Amerika hatte sich nach dem Ersten Weltkrieg wieder zurückgezogen und war in den dreißiger Jahren ohne Einfluss auf Europa.

Hitler wollte die Herrschaft über Europa, und zwar durch Krieg. Den Anlass dafür suchte und fand er in Polen.

Am 23. Mai 1939 – wenige Monate vor Kriegsausbruch – erklärte er vor der deutschen Generalität: „Weitere Erfolge können ohne Blutvergießen nicht mehr errungen werden ... Danzig ist nicht das Objekt, um das es geht. Es handelt sich für uns um die Erweiterung des Lebensraumes im Osten und Sicherstellung der Ernährung ... Es entfällt also die Frage, Polen zu schonen, und bleibt der Entschluss, bei erster passender Gelegenheit Polen anzugreifen ... Hierbei spielen Recht oder Unrecht oder Verträge keine Rolle."

Am 23. August 1939 wurde der deutsch-sowjetische Nichtangriffspakt geschlossen. Das geheime Zusatzprotokoll regelte die bevorstehende Aufteilung Polens.

Der Vertrag wurde geschlossen, um Hitler den Einmarsch in Polen zu ermöglichen. Das war der damaligen Führung der Sowjetunion voll bewusst. Allen politisch denkenden Menschen jener Zeit war klar, dass der deutsch-sowjetische Pakt Hitlers Einmarsch in Polen und damit den Zweiten Weltkrieg bedeutete.

Dadurch wird die deutsche Schuld am Ausbruch des Zweiten Weltkrieges nicht verringert. Die Sowjetunion nahm den Krieg anderer Völker in Kauf, um sich am Ertrag zu beteiligen. Die Initiative zum Krieg aber ging von Deutschland aus, nicht von der Sowjetunion.

Es war Hitler, der zur Gewalt griff. Der Ausbruch des Zweiten Weltkrieges bleibt mit dem deutschen Namen verbunden.

Während dieses Krieges hat das nationalsozialistische Regime viele Völker gequält und geschändet.

Am Ende blieb nur noch ein Volk übrig, um gequält, geknechtet und geschändet zu werden: das eigene, das deutsche Volk. Immer wieder hat Hitler ausgesprochen: wenn das deutsche Volk schon nicht fähig sei, in diesem Krieg zu siegen, dann möge es eben untergehen. Die anderen Völker wurden zunächst Opfer eines von Deutschland ausgehenden Krieges, bevor wir selbst zu Opfern unseres eigenen Krieges wurden.

Es folgte die von den Siegermächten verabredete Aufteilung Deutschlands in verschiedene Zonen. Inzwischen war die Sowjetunion in alle Staaten Ost- und Südosteuropas, die während des Krieges von Deutschland besetzt worden waren, einmarschiert. Mit Ausnahme Griechenlands wurden alle diese Staaten sozialistische Staaten.

Die Spaltung Europas in zwei verschiedene politische Systeme nahm ihren Lauf. Es war erst die Nachkriegsentwicklung, die sie befestigte. Aber ohne den von Hitler begonnenen Krieg wäre sie nicht gekommen. Daran denken die betroffenen Völker zuerst, wenn sie sich des von der deutschen Führung ausgelösten Krieges erinnern.

Im Blick auf die Teilung unseres eigenen Landes und auf den Verlust großer Teile des deutschen Staatsgebietes denken auch wir daran. In seiner Predigt zum 8. Mai sagte Kardinal Meißner in Ostberlin: „Das trostlose Ergebnis der Sünde ist immer die Trennung."

V.
Die Willkür der Zerstörung wirkte in der willkürlichen Verteilung der Lasten nach. Es gab Unschuldige, die verfolgt wurden, und Schuldige, die entkamen. Die einen hatten das Glück, zu Hause in vertrauter Umgebung ein neues Leben aufbauen zu können. Andere wurden aus der angestammten Heimat vertrieben.

Wir in der späteren Bundesrepublik Deutschland erhielten die kostbare Chance der Freiheit. Vielen Millionen Landsleuten bleibt sie bis heute versagt.

Die Willkür der Zuteilung unterschiedlicher Schicksale ertragen zu lernen, war die erste Aufgabe im Geistigen, die sich neben der Aufgabe des materiellen Wiederaufbaus stellte. An ihr musste sich die menschliche Kraft erproben, die Lasten anderer zu erkennen, an ihnen dauerhaft mitzutragen, sie nicht zu vergessen. In ihr musste die Fähigkeit zum Frieden und die Bereitschaft zur Versöhnung nach innen und außen wachsen, die nicht nur andere von uns forderten, sondern nach denen es uns selbst am allermeisten verlangte.

Wir können des 8. Mai nicht gedenken, ohne uns bewusstzumachen, welche Überwindung die Bereitschaft zur Aussöhnung den ehemaligen Feinden abverlangte. Können wir uns wirklich in die Lage von Angehörigen der Opfer des Warschauer Ghettos oder des Massakers von Lidice versetzen?

Wie schwer musste es aber auch einem Bürger in Rotterdam oder London fallen, den Wiederaufbau unseres Landes zu unterstützen, aus dem die Bomben stammten, die erst kurze Zeit zuvor auf seine Stadt gefallen waren! Dazu musste allmählich eine Gewissheit wachsen, dass Deutsche nicht noch einmal versuchen würden, eine Niederlage mit Gewalt zu korrigieren.

Bei uns selbst wurde das Schwerste den Heimatvertriebenen abverlangt. Ihnen ist noch lange nach dem 8. Mai bitteres Leid und schweres Unrecht widerfahren. Um ihrem schweren Schicksal mit Verständnis zu begegnen, fehlt uns Einheimischen oft die Fantasie und auch das offene Herz.

Aber es gab alsbald auch große Zeichen der Hilfsbereitschaft. Viele Millionen Flüchtlinge und Vertriebene wurden aufgenommen. Im Laufe der Jahre konnten sie neue Wurzeln schlagen. Ihre Kinder und Enkel bleiben auf vielfache Weise der Kultur und der Liebe zur Heimat ihrer Vorfahren verbunden. Das ist gut so, denn das ist ein wertvoller Schatz in ihrem Leben.

Sie haben aber selbst eine neue Heimat gefunden, in der sie mit den gleichaltrigen Einheimischen aufwachsen und zusammenwachsen, ihre Mundart sprechen und ihre Gewohnheiten teilen. Ihr junges Leben ist ein Beweis für die Fähigkeit zum inneren Frieden. Ihre Großeltern oder Eltern wurden einst vertrieben, sie jedoch sind jetzt zu Hause.

Früh und beispielhaft haben sich die Heimatvertriebenen zum Gewaltverzicht bekannt. Das war keine vergängliche Erklärung im anfänglichen Stadium der Machtlosigkeit, sondern ein Bekenntnis, das seine Gültigkeit behält. Gewaltverzicht bedeutet, allseits das Vertrauen wachsen zu lassen, dass auch ein wieder zu Kräften gekommenes Deutschland daran gebunden bleibt.

Die eigene Heimat ist mittlerweile anderen zur Heimat geworden. Auf vielen alten Friedhöfen im Osten finden sich heute schon mehr polnische als deutsche Gräber.

Der erzwungenen Wanderschaft von Millionen Deutschen nach Westen folgten Millionen Polen und ihnen wiederum Millionen Russen. Es sind alles Menschen, die nicht gefragt wurden, Menschen, die Unrecht erlitten haben, Menschen, die wehrlose Objekte der politischen Ereignisse wurden und denen keine Aufrechnung von Unrecht und keine Konfrontation von Ansprüchen wiedergutmachen kann, was ihnen angetan worden ist.

Gewaltverzicht heute heißt, den Menschen dort, wo sie das Schicksal nach dem 8. Mai hingetrieben hat und wo sie nun seit Jahrzehnten leben, eine dauerhafte, politisch unangefochtene Sicherheit für ihre Zukunft zu geben. Es heißt, den widerstreitenden Rechtsansprüchen das Verständigungsgebot überzuordnen.

Darin liegt der eigentliche, der menschliche Beitrag zu einer europäischen Friedensordnung, der von uns ausgehen kann.

Der Neuanfang in Europa nach 1945 hat dem Gedanken der Freiheit und Selbstbestimmung Siege und Niederlagen gebracht. Für uns gilt es, die Chance des Schlussstrichs unter eine lange Periode europäischer Geschichte zu nutzen, in der jedem Staat Frieden nur denkbar und sicher schien als Ergebnis eigener Überlegenheit und in der Frieden eine Zeit der Vorbereitung des nächsten Krieges bedeutete.

Die Völker Europas lieben ihre Heimat. Den Deutschen geht es nicht anders. Wer könnte der Friedensliebe eines Volkes vertrauen, das imstande wäre, seine Heimat zu vergessen?

Nein, Friedensliebe zeigt sich gerade darin, dass man seine Heimat nicht vergisst und eben deshalb entschlossen ist, alles zu tun, um immer in Frieden miteinander zu leben. Heimatliebe eines Vertriebenen ist kein Revanchismus.

VI.

Stärker als früher hat der letzte Krieg die Friedenssehnsucht im Herzen der Menschen geweckt. Die Versöhnungsarbeit von Kirchen fand eine tiefe Resonanz. Für die Verständigungsarbeit von jungen Menschen gibt es viele Beispiele. Ich denke an die „Aktion Sühnezeichen" mit ihrer Tätigkeit in Auschwitz und Israel. Eine Gemeinde der niederrheinischen Stadt Kleve erhielt neulich Brote aus polnischen Gemeinden als Zeichen der Aussöhnung und Gemeinschaft. Eines dieser Brote hat sie an einen Lehrer nach England geschickt. Denn dieser Lehrer aus England war aus der Anonymität herausgetreten und hatte geschrieben, er habe damals im Krieg als Bombenflieger Kirchen und Wohnhäuser in Kleve zerstört und wünsche sich ein Zeichen der Aussöhnung.

Es hilft unendlich viel zum Frieden, nicht auf den anderen zu warten, bis er kommt, sondern auf ihn zuzugehen, wie dieser Mann es getan hat.

VII.

In seiner Folge hat der Krieg alte Gegner menschlich und auch politisch einander nähergebracht. Schon 1946 rief der amerikanische Außenminister Byrnes in seiner denkwürdigen Stuttgarter Rede zur Verständigung in Europa und dazu auf, dem deutschen Volk auf seinem Weg in eine freie und friedliebende Zukunft zu helfen.

Unzählige amerikanische Bürger haben damals mit ihren privaten Mitteln uns Deutsche, die Besiegten, unterstützt, um die Wunden des Krieges zu heilen.

Dank der Weitsicht von Franzosen wie Jean Monnet und Robert Schuman und von Deutschen wie Konrad Adenauer endete eine alte Feindschaft zwischen Franzosen und Deutschen für immer.

Ein neuer Strom von Aufbauwillen und Energie ging durch das eigene Land. Manche alte Gräben wurden zugeschüttet, konfessionelle Gegensätze und soziale Spannungen verloren an Schärfe. Partnerschaftlich ging man ans Werk.

Es gab keine „Stunde Null", aber wir hatten die Chance zu einem Neubeginn. Wir haben sie genutzt so gut wir konnten. An die Stelle der Unfreiheit haben wir die demokratische Freiheit gesetzt.

Vier Jahre nach Kriegsende, 1949, am 8. Mai, beschloss der Parlamentarische Rat unser Grundgesetz. Über Parteigrenzen hinweg gaben seine Demokraten die Antwort auf Krieg und Gewaltherrschaft im Artikel 1 unserer Verfassung:

„Das Deutsche Volk bekennt sich darum zu unverletzlichen und unveräußerlichen Menschenrechten als

Grundlage jeder menschlichen Gemeinschaft, des Friedens und der Gerechtigkeit in der Welt."

Auch an diese Bedeutung des 8. Mai gilt es heute zu erinnern.

Die Bundesrepublik Deutschland ist ein weltweit geachteter Staat geworden. Sie gehört zu den hochentwickelten Industrieländern der Welt. Mit ihrer wirtschaftlichen Kraft weiß sie sich mitverantwortlich dafür, Hunger und Not in der Welt zu bekämpfen und zu einem sozialen Ausgleich unter den Völkern beizutragen.

Wir leben seit vierzig Jahren in Frieden und Freiheit, und wir haben durch unsere Politik unter den freien Völkern des Atlantischen Bündnisses und der Europäischen Gemeinschaft dazu selbst einen großen Beitrag geleistet.

Nie gab es auf deutschem Boden einen besseren Schutz der Freiheitsrechte des Bürgers als heute. Ein dichtes soziales Netz, das den Vergleich mit keiner anderen Gesellschaft zu scheuen braucht, sichert die Lebensgrundlage der Menschen.

Hatten sich bei Kriegsende viele Deutsche noch darum bemüht, ihren Pass zu verbergen oder gegen einen anderen einzutauschen, so ist heute unsere Staatsbürgerschaft ein angesehenes Recht.

Wir haben wahrlich keinen Grund zu Überheblichkeit und Selbstgerechtigkeit. Aber wir dürfen uns der Entwicklung dieser vierzig Jahre dankbar erinnern, wenn wir das eigene historische Gedächtnis als Leitlinie für unser Verhalten in der Gegenwart und für die ungelösten Aufgaben, die auf uns warten, nutzen.

- Wenn wir uns daran erinnern, dass Geisteskranke im Dritten Reich getötet wurden, werden wir die Zuwendung zu psychisch kranken Bürgern als unsere eigene Aufgabe verstehen.
- Wenn wir uns erinnern, wie rassisch, religiös und politisch Verfolgte, die vom sicheren Tod bedroht waren, oft vor geschlossenen Grenzen anderer Staaten standen, werden wir vor denen, die heute wirklich verfolgt sind und bei uns Schutz suchen, die Tür nicht verschließen.
- Wenn wir uns der Verfolgung des freien Geistes während der Diktatur besinnen, werden wir die Freiheit jedes Gedankens und jeder Kritik schützen, so sehr sie sich auch gegen uns selbst richten mag.
- Wer über die Verhältnisse im Nahen Osten urteilt, der möge an das Schicksal denken, das Deutsche den jüdischen Mitmenschen bereiteten und das die Gründung des Staates Israel unter Bedingungen auslöste, die noch heute die Menschen in dieser Region belasten und gefährden.
- Wenn wir daran denken, was unsere östlichen Nachbarn im Kriege erleiden mussten, werden wir besser verstehen, dass der Ausgleich, die Entspannung und die friedliche Nachbarschaft mit diesen Ländern zentrale Aufgaben der deutschen Außenpolitik bleiben. Es gilt, dass beide Seiten sich erinnern und beide Seiten einander achten. Sie haben menschlich, sie haben kulturell, sie haben letzten Endes auch geschichtlich allen Grund dazu.

Der Generalsekretär der Kommunistischen Partei der Sowjetunion Michail Gorbatschow hat verlautbart, es ginge der sowjetischen Führung beim 40. Jahrestag des Kriegsendes nicht darum, antideutsche Gefühle zu schüren. Die Sowjetunion trete für Freundschaft zwischen den Völkern ein.

Gerade wenn wir Fragen auch an sowjetische Beiträge zur Verständigung zwischen Ost und West und zur Achtung von Menschenrechten in allen Teilen Europas haben, gerade dann sollten wir dieses Zeichen aus Moskau nicht überhören. Wir wollen Freundschaft mit den Völkern der Sowjetunion.

VIII.

Vierzig Jahre nach dem Ende des Krieges ist das deutsche Volk nach wie vor geteilt.

Beim Gedenkgottesdienst in der Kreuzkirche zu Dresden sagte Bischof Hempel im Februar dieses Jahres: „Es lastet, es blutet, dass zwei deutsche Staaten entstanden sind mit ihrer schweren Grenze. Es lastet und blutet die Fülle der Grenzen überhaupt. Es lasten die Waffen."

Vor kurzem wurde in Baltimore in den Vereinigten Staaten eine Ausstellung „Juden in Deutschland" eröffnet. Die Botschafter beider deutscher Staaten waren der Einladung gefolgt. Der gastgebende Präsident der Johns-Hopkins-Universität begrüßte sie zusammen. Er verwies darauf, dass alle Deutschen auf dem Boden derselben historischen Entwicklung stehen. Eine gemeinsame Vergangenheit verknüpfte sie mit einem Band. Ein solches Band könne eine Freude oder ein Problem sein – es sei immer eine Quelle der Hoffnung.

Wir Deutschen sind ein Volk und eine Nation. Wir fühlen uns zusammengehörig, weil wir dieselbe Geschichte durchlebt haben.

Auch den 8. Mai 1945 haben wir als gemeinsames Schicksal unseres Volkes erlebt, das uns eint. Wir fühlen uns zusammengehörig in unserem Willen zum Frieden. Von deutschem Boden in beiden Staaten sollen Frieden und gute Nachbarschaft mit allen Ländern ausgehen. Auch andere sollen ihn nicht zur Gefahr für den Frieden werden lassen.

Die Menschen in Deutschland wollen gemeinsam einen Frieden, der Gerechtigkeit und Menschenrecht für alle Völker einschließt, auch für das unsrige.

Nicht ein Europa der Mauern kann sich über Grenzen hinweg versöhnen, sondern ein Kontinent, der seinen Grenzen das Trennende nimmt. Gerade daran mahnt uns das Ende des Zweiten Weltkrieges.

Wir haben die Zuversicht, dass der 8. Mai nicht das letzte Datum unserer Geschichte bleibt, das für alle Deutschen verbindlich ist.

IX.

Manche junge Menschen haben sich und uns in den letzten Monaten gefragt, warum es vierzig Jahre nach Ende des Krieges zu so lebhaften Auseinandersetzungen über die Vergangenheit gekommen ist. Warum lebhafter als nach fünfundzwanzig oder dreißig Jahren? Worin liegt die innere Notwendigkeit dafür?

Es ist nicht leicht, solche Fragen zu beantworten. Aber wir sollten die Gründe dafür nicht vornehmlich in äußeren Einflüssen suchen, obwohl es diese zweifellos auch gegeben hat.

Vierzig Jahre spielen in der Zeitspanne von Menschenleben und Völkerschicksalen eine große Rolle.

Auch hier erlauben Sie mir noch einmal einen Blick auf das Alte Testament, das für jeden Menschen unabhängig von seinem Glauben tiefe Einsichten aufbewahrt. Dort spielen vierzig Jahre eine häufig wiederkehrende, eine wesentliche Rolle.

Vierzig Jahre sollte Israel in der Wüste bleiben, bevor der neue Abschnitt in der Geschichte mit dem Einzug ins verheißene Land begann.

Vierzig Jahre waren notwendig für einen vollständigen Wechsel der damals verantwortlichen Vätergeneration.

An anderer Stelle aber (Buch der Richter) wird aufgezeichnet, wie oft die Erinnerung an erfahrene Hilfe und Rettung nur vierzig Jahre dauerte. Wenn die Erinnerung abriss, war die Ruhe zu Ende.

So bedeuten vierzig Jahre stets einen großen Einschnitt. Sie wirken sich aus im Bewusstsein der Menschen, sei es als Ende einer dunklen Zeit mit der Zuversicht auf eine neue und gute Zukunft, sei es als Gefahr des Vergessens und als Warnung vor den Folgen. Über beides lohnt es sich nachzudenken.

Bei uns ist eine neue Generation in die politische Verantwortung hereingewachsen. Die Jungen sind nicht verantwortlich für das, was damals geschah. Aber sie sind verantwortlich für das, was in der Geschichte daraus wird.

Wir Älteren schulden der Jugend nicht die Erfüllung von Träumen, sondern Aufrichtigkeit. Wir müssen den Jüngeren helfen zu verstehen, warum es lebenswichtig ist, die Erinnerung wachzuhalten. Wir wollen ihnen helfen, sich auf die geschichtliche Wahrheit nüchtern und ohne Einseitigkeit einzulassen, ohne Flucht in utopische Heilslehren, aber auch ohne moralische Überheblichkeit.

Wir lernen aus unserer eigenen Geschichte, wozu der Mensch fähig ist. Deshalb dürfen wir uns nicht einbilden, wir seien nun als Menschen anders und besser geworden.

Es gibt keine endgültig errungene moralische Vollkommenheit – für niemanden und kein Land! Wir haben als Menschen gelernt, wir bleiben als Menschen gefährdet. Aber wir haben die Kraft, Gefährdungen immer von neuem zu überwinden.

Hitler hat stets damit gearbeitet, Vorurteile, Feindschaften und Hass zu schüren.

Die Bitte an die jungen Menschen lautet:

Lassen Sie sich nicht hineintreiben in Feindschaft und Hass

gegen andere Menschen,
gegen Russen oder Amerikaner,
gegen Juden oder Türken,
gegen Alternative oder Konservative,
gegen Schwarz oder Weiß.

Lernen Sie, miteinander zu leben, nicht gegeneinander.

Lassen Sie auch uns als demokratisch gewählte Politiker dies immer wieder beherzigen und ein Beispiel geben.

Ehren wir die Freiheit.
Arbeiten wir für den Frieden.
Halten wir uns an das Recht.
Dienen wir unseren inneren Maßstäben der Gerechtigkeit.

Schauen wir am heutigen 8. Mai, so gut wir es können, der Wahrheit ins Auge.

40 Jahre Grundgesetz der Bundesrepublik Deutschland – Staatsakt in der Beethovenhalle in Bonn, 24. Mai 1989

Heute vor vierzig Jahren trat das Grundgesetz für die Bundesrepublik Deutschland in Kraft. Nach schwerer Vergangenheit hatten Deutsche wieder einen eigenen Staat. Er umfasste nur einen Teil Deutschlands. Er war nicht souverän. Es herrschte große Not. Aber in dieser Stunde kehrten Deutsche in den Kreis der Völker zurück, die Verantwortung für sich selbst tragen. Sie taten diesen Schritt als freie Menschen.

Kaum je ist ein Staat so zur Welt gekommen. Im Zeichen der Spannung zwischen Ost und West war die Initiative von den Besatzungsmächten ausgegangen, vor allem von Amerika. Ein alliierter Auftrag zur Staatsgründung erreichte die Ministerpräsidenten der Länder, und diese zögerten. Sie waren Patrioten und wollten die Teilung Deutschlands nicht verfestigen.

Die Weichen aber waren inzwischen durch die neue weltpolitische Lage gestellt. Die Sorgen der Menschen galten den Gefahren aus dem Osten und dem Wiederaufbau zu Hause nach der Währungsreform. Man musste sich der Wirklichkeit stellen und handeln.

So schufen die Länder und der Parlamentarische Rat trotz ihrer Vorbehalte, die sie ehren, den neuen Bundesstaat. Sie verstanden ihn nicht als Absage an das ganze Deutschland, sondern, wie Theodor Heuss ihn nannte, als Transitorium.

Der eigene Wille war dort am stärksten, wo die Selbstbestimmung am größten war: bei den Verfassungsgrundsätzen selbst. Es fehlte zwar nicht an Vorgaben durch die Alliierten und an trefflichen Vorbildern westlicher Demokratien. Was aber die Väter und die vier höchst eindrucksvollen Mütter des Grundgesetzes beschlossen, entsprang ihrer eigenen Überzeugung.

Sie knüpften an deutsche Verfassungen an. Sie selbst zogen Lehren aus verhängnisvollen Schwächen der ersten deutschen Republik. Sie handelten im eigenen tiefen Bewusstsein der Notwendigkeit, umzukehren nach dem namenlosen Leid und Unrecht der zurückliegenden Jahre. Unsere Verfassung ist kein Werk der Siegermächte, sondern deutsch.

Am 8. Mai 1945 hatte die Deutsche Wehrmacht bedingungslos kapituliert. Am gleichen Tag vier Jahre später wurde mit der Verabschiedung des Grundgesetzes durch den Parlamentarischen Rat der Weg zu einem deutschen Staat frei, der für Demokratie, Menschenrechte und Frieden einsteht und sich heute in aller Welt Achtung erworben hat.

Der neue Bundesstaat wurde aus Gemeinden und Ländern gefügt. Er bildete die Antwort auf den totalitären Zentralstaat und stellte die Verbindung zum geschichtlichen Erbe der deutschen Nation wieder her: zum Föderalismus und zur kommunalen Selbstverwaltung als der wahren Quelle demokratischer Gesinnung in Deutschland.

Es entstand eine parlamentarische Demokratie westlicher Prägung, mit unantastbaren und einklagbaren Grundrechten und mit einer starken Exekutive. Alle staatliche Gewalt wurde in klare verfassungsmäßige Schranken verwiesen, alle politische Macht unter der Obhut des neugeschaffenen Bundesverfassungsgerichts rechtsstaatlich gebändigt. Das Grundgesetz, von Politikern geschaffen, setzt höheres Vertrauen in das Recht als in die Politik.

So konnte sich das Verhältnis der Bürger zum Staat entscheidend wandeln. Fast ein Jahrhundert lang hatte der Staat die Kraft seiner Bürger und in den Kriegen ihr Leben eingesetzt, um selbst an Macht und Größe zu wachsen. Nun sollte der Staat nicht mehr wie bisher über den Bürger verfügen können, sondern er wurde zum Schutz der Rechte des Einzelnen verpflichtet. Der Rechtsstaat wurde zur Rechtsgemeinschaft, zur Einrichtung der Bürger füreinander.

Auf das Verlangen der Menschen nach gesicherter Freiheit gab das Grundgesetz überzeugende Antworten. In der Bevölkerung erwärmte sich daher ihr Verhältnis zur neuen Verfassung sehr rasch. Ihre innere Beziehung zur Bundesrepublik als einem neuen deutschen Staat wuchs dagegen erst allmählich hinterher.

Was für ein Leben hat sich nun bei uns seit 1949 entwickelt? Es hatte nach dem Krieg auf dem tiefsten Punkt wieder angefangen. Konnte es also nur aufwärtsgehen? Das war ungewiss. Es gibt Zusammenbrüche, welche die Lebenskräfte unwiederbringlich zerstören. Das blieb uns erspart. Rasch wuchs ein neues, leistungsfähiges

Gemeinwesen heran. Heute blicken wir zurück auf ein gutes, zukunftsoffenes Kapitel unserer Geschichte und können dafür nur wahrhaft dankbar sein.

Das Meiste, Wichtigste und Schwerste haben wir Deutschen selbst dazu beigetragen. Die weltpolitische Entwicklung trat hinzu. Aus den Vereinigten Staaten von Amerika kam die großherzige Hilfe des Marshallplanes. Sie trug nachhaltig zum wirtschaftlichen Wiederaufstieg bei. Zugleich sorgten die Amerikaner, wie sie es gemeinsam mit den Briten und Franzosen schon in der Berliner Blockade bewiesen hatten, für Schutz und Sicherheit. Werte und Interessen wuchsen zusammen. Schritt für Schritt wurden aus Gegnern Freunde.

Im Innern regte sich überall der Wille zum politischen Gelingen. Die grausamen Lehren der Vergangenheit erzeugten ein klares Bewusstsein von der Notwendigkeit zusammenzuarbeiten. Gewiss, es gab in den vergangenen vierzig Jahren wahrlich mehr als einen tiefgehenden Streit. Ich denke an die heftigen Auseinandersetzungen über die Wehrverfassung und die Notstandsgesetze, über die Westbindung unseres Staates und über seine Ostpolitik. Es waren schwere Konflikte. Man trug sie mit Schärfe aus, aber letzten Endes mit Vernunft.

Im Bund und in den Ländern war eine Generation politisch am Werk, die durch Erfahrung klug geworden war. Sie wusste, dass es in der Weimarer Zeit nicht zu früh zu viele Extremisten gegeben hatte, sondern zu lange zu wenige Demokraten.

Man hatte davon gelernt, was Demokraten nie vergessen dürfen, nämlich bei allem Streit zuerst daran zu denken, was sie gemeinsam zu schützen haben.

Wir haben Grund zur Achtung vor dem Verantwortungssinn der Männer und Frauen, die nach dem Krieg die politischen Geschicke unseres Staates lenkten. Ihnen ist zu danken, dass die Bereitschaft zum elementaren Streit mit der Kraft zum grundlegenden Konsens verbunden blieb. Das hat unsere Demokratie stark gemacht, und ich meine, bis auf den heutigen Tag!

Auf dieser Grundlage entwickelte sich die Gesellschaft im Ganzen. Verwüstungen des Krieges, Flucht und Vertreibung hatten die Menschen bei uns landsmannschaftlich und sozial, kulturell und konfessionell durcheinandergeworfen. Fast alle mussten unten beginnen. Der Sozialstaatsgedanke als neues, rechtlich verbindliches Staatsziel verlangte, dass alte gesellschaftliche Gräben zugeschüttet und dass keine Gruppe oder Minderheit ausgegrenzt werden. Man war dem demokratischen Ziel größerer Angleichung von Chancen näher als je zuvor.

Extreme Kräfte bekamen in der Gesellschaft so wenig Chancen wie im Staat und in den Parteien. Man suchte den Konsens und entwickelte die Kraft zum Kompromiss. Man hatte Sinn für Maß und Mitte. Die Verpflichtung, für menschlich nicht wiedergutzumachendes Unrecht, vor allem gegenüber Juden, wenigstens materiellen Ausgleich zu leisten, wurde aufgenommen.

Gegenseitige solidarische Hilfe, Sozialpartnerschaft in der Arbeitswelt, ökumenische Öffnung in den Gemeinden wuchsen heran. Damit gelangen die Aufnahme von zwölf Millionen Heimatvertriebenen und Flüchtlingen, der Lastenausgleich, die Rentengesetze als Generationsvertrag.

Die Wirtschaft blühte auf, die Wissenschaft gewann Ansehen zurück, die Berufsausbildung wurde zum Vorbild in der Welt. Stabilität wurde ein politisches und soziales Merkmal der Bundesrepublik Deutschland.

Meine Damen und Herren, wir haben gewiss keinen Grund zur Selbstzufriedenheit. Auch unter dem Grundgesetz sind wir keine Engel geworden. Wir verrichten nur Menschenwerk, und das bleibt immer unvollkommen. Deshalb haben wir aber auch keinen Grund, uns selbst zu verleugnen. Wir dürfen uns so annehmen, wie wir sind, und gemeinsame Leistungen getrost anerkennen.

Die Zeit bringt unaufhaltsam neue Entwicklungen hervor, neue Gefahren und Chancen.

Veränderungen pflegen sich allmählich zu vollziehen. Das Ausmaß des Wandels ist größer, als wir es täglich spüren.

Vor vierzig Jahren gab es kaum Automobile und Luftfahrt. Wohnungen wurden zumeist mit Öfen geheizt. Die Nahrungsmittel kamen ganz überwiegend vom heimischen Boden. Das Radio erlaubte trotz seiner enormen propagandistischen Ausnutzung im Kriege nur eine ganz blasse Vorahnung auf die Wirkung heutiger elektronischer Medien. Computer und Halbleitertechnik, die heute unsere Arbeitswelt und Lebensorganisation beherrschen, befanden sich kaum in der Entwicklung. Ein Mensch von 1900 hätte sich in der Entstehungszeit unserer Verfassung vielleicht besser zurechtgefunden als ein heute Achtzehnjähriger, der sich ins Jahr 1949 zurückversetzt.

Diese Entwicklung ist nicht spezifisch deutsch. Sie kennzeichnet auch die anderen westlichen Industrievölker. Wir sind zuverlässig eingebunden nicht nur in die Verfassungsprinzipien der westlichen Demokratien, sondern unwiderruflich auch in ihre Zivilisation. Sie ist gewissermaßen Teil unseres Wesens geworden, und sie beschert uns gemeinsame Herausforderungen.

Dazu zählte die Jugendrevolte in der zweiten Hälfte der sechziger Jahre. Aktive Teile einer neuen Generation sahen keinen Grund, in kritikloser Dankbarkeit hinzunehmen, dass sie nun über weit mehr Freiheit und Wohlstand verfügten als ihre Vorfahren. Nach ihrem Empfinden hatte sich der Wiederaufbau in eine allzu einseitige, materiell orientierte, selbstsüchtige Leistungsgesellschaft hineinentwickelt. Es gab scharfe Fragen zur Vergangenheit, zur Offenheit des Bildungssystems, zur Demokratie als Lebensform. Jede Autorität geriet unter Verdacht. Überlieferte Bindungen wurden angefochten, eine neue Emanzipation ausgerufen. Die Verständigung unter den Generationen war, wie so oft, schwierig. Fehler wurden allseits begangen. Ältere fühlten sich mit ihren Aufbauleistungen verkannt. Jüngere verlegten sich mit moralischen, radikaldemokratischen und kulturrevolutionären Motiven aufs Provozieren, auf Abbruch und rücksichtslosen neuen Anfang. Es gab fundamentalen Widerspruch, strikte Verweigerung, massive Konfrontation. Zum Teil kam es zu offener Gewalt, später in einzelnen Fällen zu Terror und schweren Verbrechen.

Der demokratische Rechtsstaat bestand seine härteste Probe. In dieser Zeit schärfte sich unser Bewusstsein dafür, dass Recht Recht bleiben muss, dass Verbrechen Strafe fordert, dass aber auch Recht menschliches Recht ist und menschlich angewandt werden muss.

Geistige, soziale und politische Folgen sind seit 1968 geblieben. Gesellschaftspolitische Themen traten in den Vordergrund. Politisches Engagement drang über staatliche Organe hinaus in die Gesellschaft vor. Das ist unbequem und fruchtbar. Basisdemokratie wurde eingefordert, Bürgerinitiativen verbreiteten sich. Neue soziale Bewegungen entstanden. Befreiung und neue Gemeinschaft wurden gesucht. Dabei kamen alte menschliche Erfahrungen wieder zum Vorschein. Es gibt Abhängigkeiten im Leben, die menschenunwürdig sind; wir wollen sie loswerden.

Es gibt aber auch Bindungen, die wir suchen, weil sie uns zu Menschen werden lassen. Wir wollen zu uns selbst finden und uns doch nicht vereinzeln. So ist das im Leben, und leicht ist es nicht.

Hier ist von persönlichen Lebensentscheidungen die Rede, auf die die Gesellschaft tief einwirkt. Nirgends tritt uns dies schärfer vor Augen als bei der veränderten Stellung der Frau. Im Grundgesetz war nach heftigen Auseinandersetzungen die Gleichberechtigung von Mann und Frau mit lapidarer Eindeutigkeit verordnet worden. Um den Vollzug wird seither gerungen.

Bald nach dem Krieg wurden die Arbeiten und Verantwortungen, die die Frauen während des Kriegsdienstes und der Gefangenschaft der Männer hatten übernehmen müssen, wieder von den heimkehrenden Männern beansprucht. Dennoch gab es keine Umkehr mehr. Der Wunsch nach einem eigenen Beruf wurde für viele Frauen zur Notwendigkeit, für die meisten zur Selbstverständlichkeit. Der Weg zur Ausbildung glich sich allmählich an. Der Zugang zu bislang männertypischen Arbeiten wuchs – wir sehen es hier auf dem Dirigentenpodium.

Frauen sind aber nach wie vor zu oft benachteiligt. Sie bekommen es beim Einstieg, beim Aufstieg und beim Wiedereinstieg zu spüren. Dahinter steht die Spannung zwischen Familie und Beruf. Noch immer müssen sich Familien dem Arbeitsmarkt anpassen statt umgekehrt. Darunter leiden alle. Die Frauen aber tragen den Löwenanteil der Lasten, die sich daraus ergeben.

Die materielle Lage für Familien mit Kindern fällt stark ins Gewicht. Vor kurzem schrieb mir eine Frau: „Eine Gesellschaft, die sich alles leisten kann, nur keine Mütter, muss sich nicht wundern, wenn sich die Frauen keine Mutterschaft mehr leisten können." Sie wollte damit nicht ihren Wunsch, sondern nur den Zustand schildern.

Welche Zukunft also hat bei uns die Familie? Welche Obhut bietet sie kleinen Kindern und alten Menschen? Welchen Schutz findet werdendes Leben?

Die Stellung, die die Frau in der Vergangenheit innehatte, sollte niemand entwerten, so belastet sie auch war. Eines aber ist heute unumstößlich: Die Frauen sind freier geworden. Das ist ein Gewinn für sie. Männer sollten aufhören, unwiederbringlichen Privilegien nachzutrauern. Dann haben auch sie Gewinn davon, und dann sind sie besser in der Lage, den Familien nicht nur materiell aufzuhelfen, sondern auch beim Denken und Fühlen im Ganzen.

Es wäre keine menschlich überzeugende Gesellschaft, der alles als wertlos gilt, was nicht bezahlt wird. Was Mütter und auf ihre Weise auch Väter für Kinder tun, ist unbezahlbar. Aber helfen muss die Gesellschaft, und bei der Verteilung der Lasten sollte es gerechter zugehen als bisher. Im Übrigen wäre es gut, wenn Männer, soweit sie im Rechtsstaat dazu berufen sind, über die Lage von Frauen besonders behutsam urteilen.

Die genannten Beispiele zeigen, was unsere Verfassung kann und was sie nicht kann. Sie schützt die Würde des Menschen und die Grundrechte. Sie organisiert unser Zusammenleben mit seinen Konflikten, und in der Gewissheit neuer Entwicklungen macht sie friedlichen Wandel möglich.

Ob wir aber die Fähigkeit dazu haben, das garantiert die Verfassung nicht. Leben müssen wir selbst. Wir sind es, die die neuen Herausforderungen erkennen und mit ihnen fertig werden müssen, zumal mit solchen, die vor vierzig Jahren niemand vorhersehen konnte. Die Verfassung ist weder Orakel noch Motor der gesellschaftlichen Entwicklung.

Sie lebt von Voraussetzungen, die sie selbst nicht schaffen oder erneuern kann. Dazu gehören auch die allgemeinen ethischen Überzeugungen. Wir selbst müssen wissen, was wir dürfen und wollen. Das ist schwer genug in einer Zeit, in der die „Potenzen", wie Jakob Burckhardt sie nennt, die Religionen und die Kulturen es oft nicht wissen. Wie finden wir in einer Spannung zwischen Gleichgültigkeit und Fundamentalismus den rechten Weg? Die Verfassung sagt es uns nicht. Sie ist wehrhaft und werthaft angelegt, aber sie ist kein ewig sprudelnder Wertebrunnen für ethische Dürrezeiten.

Auch die Freiheits- und Grundrechte leben von dem, was wir aus ihnen machen. Sie verkümmern, wenn sie nur als eigene Ansprüche gegen den Staat verstanden werden. Ihre tiefere Bedeutung liegt in den Rechten, die jeder dem anderen zugesteht. Mit der Verfassung allein ist kein Staat zu machen, sondern mit unserer Verantwortung für den Staat, das heißt füreinander; denn der Staat, das sind wir ja selber.

Wir haben uns hier versammelt, um unsere Verfassung zu feiern, weil wir sagen dürfen: Wir haben eine gute Verfassung. Aber es wäre doch eine oberflächliche Feierlichkeit ohne die ernsthafte Frage an uns: Sind wir in einer guten Verfassung?

Jeder von uns weiß ganz gut, dass er für seine eigenen privaten Ziele Spielregeln beachten und selbst etwas einsetzen muss. Und für das Grundgesetz? Brauchen wir für sein Leben, nämlich für unser Gemeinwesen, nichts zu tun? Spielen im Verfassungsstaat nur Berufspolitiker mit? Ist der Bürger, wie er oft glaubt, lediglich als Zuschauer beteiligt und dann und wann als Schiedsrichter?

Die Schlüsselrolle fällt den Parteien zu. Das Grundgesetz behandelt sie in seinem Artikel 21 mit souveräner Zurückhaltung. Das hat wenig bewirkt. Es hat die überragende Bedeutung der Parteien damit nicht zu bremsen vermocht.

Dieser Zustand erfreut sich keiner großen öffentlichen Beliebtheit. Aber auch im Ärger darüber sollte man sich vor falschen Schlussfolgerungen hüten. Es ist notwendig, den Willen des Volkes, von dem alle Gewalt ausgeht, zu ermitteln und ihm eine Form zu geben, die uns vor einem entscheidungsunfähigen Durcheinander bewahrt. Dies kann nur mit Hilfe von politischen Parteien geschehen. Zumal als Volksparteien leisten sie auch innerparteilich einen oft unterschätzten, aber unentbehrlichen Beitrag zum notwendigen demokratischen Streit und Ausgleich. Gewiss, manchmal tun wir in den Parteien unnötigerweise so, als wüssten wir alle Antworten auf die Fragen unserer Zeit.

Wahr ist auch, dass es den Parteien um die Macht geht. Allmächtig aber sind sie gerade nicht. Vielmehr sind sie abhängig vom Mehrheitsmandat, um das sie ständig kämpfen müssen. Nicht ihre Selbstherrlichkeit ist die große Gefahr; dann schon eher, dass sie auf der Suche nach Stimmen allzu viele Wünsche gleichzeitig erfüllen wollen. Wenn die Parteien die Lösung der Probleme dem Streit gegen die Konkurrenz unterordnen, wenn sie die Fragen der Zeit zu Instrumenten im Kampf um die Macht entwerten, ja, dann leidet ihre Glaubwürdigkeit. Aber das schadet nicht nur ihnen, sondern uns allen. Denn einen Ersatz für sie gibt es nicht.

Es kann nur darum gehen, sie immer von neuem zu verbessern. Dazu kann jeder beitragen, am fruchtbarsten dadurch, dass er die Parteien mit seiner kritischen Anteilnahme zur Arbeit an den Problemen zwingt. Um der lebendigen Kraft unseres Gemeinwesens willen gilt es mitzumachen und nicht abseits zu stehen.

Wir können für unsere Einsichten eintreten und unsere Interessen wahrnehmen. Wir können Solidarität erwarten, wenn wir sie selber üben. Das Grundgesetz gewährt Schutz und bietet Chancen, aber nicht ohne unser Zutun. Wenn Ausländer unter diesem Schutz stehen, dann sollten auch wir Deutschen ihnen unsere Türen und Herzen wirklich öffnen.

Im Übrigen sollten wir auf der Hut sein. Exzentrik kann in der geistigen Auseinandersetzung ihren guten Platz haben. In der Politik ist es anders. Politische Exzentrik heißt ja, heraus aus dem Kern drängen, die Suche nach einer gemeinsamen Mitte aufgeben, die extremen Ränder aufsuchen.

Dort finden sich aber keine tragfähigen Antworten. Dort werden nur Stimmungen aufgeheizt. Das ist kein guter Platz für demokratische Verantwortlichkeit und damit gewiss auch nicht für die Wähler, die letzten Endes in der Lage sind zu beweisen, dass sie die wahren Politiker sind.

Es gibt bei uns, wie überall, Licht und Schatten. Mehr Spezialisierung, weniger Überblick; mehr technische Verbindungen, weniger menschlichen Kontakt; mehr Unruhe, weniger Zeit; mehr Angebote, weniger Konzentration; mehr Wohlstand, weniger Klarheit über die Aufgaben; wachsende Weltoffenheit, schwächere Verwurzelung. Wir sind vom technischen Zeitalter geprägt. Verfassung und Rechtsstaat aber können uns kaum Auskunft über das Wesen der Technik geben. Im Zeichen solcher Spannungen steht unsere Lebensweise und damit unsere ganze Kultur. Geist und Kunst wenden sich ihnen zu. Sie helfen uns, mit der Widersprüchlichkeit des Fortschritts zu leben.

Mehr als auf manchem anderen Gebiet der Gesellschaft ist bei uns nach dem Krieg wirklich Neues entstanden im geistigen und wissenschaftlichen Leben, in der Kunst, der Musik und Dichtung, der Malerei und Plastik, der Architektur, dem Theater und dem Film. Wir erwarten von niemandem in der Welt, er möge an unserem Wesen genesen. Aber wir sind ein aktiver Partner unter den Kulturen. Es gibt bei uns eine stark gewachsene Sensibilität und kritische Auseinandersetzungen. Das ist immer fruchtbar. Auf nichts anderem beruht der Fortschritt zu neuen Einsichten. Unsere Kultur ist gewachsen wie ein kräftiger und vielgestaltiger Mischwald. Er leistet seinen Beitrag zur lebensnotwendigen Frischluft.

Neues Licht, nicht ohne Schatten, erreichte auch den sozialen Bereich. Wo sich Notstände fanden, wurde ihnen in rechtlich gesicherter Form abgeholfen. Die Kehrseite sind Besitzstände, die sich auch dort halten können, wo der einst zugrunde liegende Mangel längst behoben ist. Aber das Gemeinwesen darf nicht überfordert, nicht unbeweglich werden. Es muss immer wieder erneuerungsfähig sein. Wir können uns nicht alles leisten, wir müssen Prioritäten setzen.

Die Kräfte in den Menschen und in der Gesellschaft sind nicht kleiner geworden als früher. Aber sie wirken sich stärker im persönlichen als im sozialen Umfeld aus. Es entwickelt sich eine Mentalität der „Vollkaskogesellschaft". Eigene Interessen werden auf Kosten des Ganzen abgesichert und durchgesetzt. Die Belastungsschwellen werden niedriger, Streit und Klagen häufen sich, obwohl doch der Rechtsstaat nicht dafür gedacht ist, einer Rechthabereigesellschaft zu dienen, sondern der Gerechtigkeit und dem Schutz des Schwachen.

Unter solchen Lasten fällt es dem Staat schwer, wirksam genug neuen Notständen abzuhelfen, die es ganz gewiss bei uns auch heute gibt. Es ist vor allem die ständig wachsende Zahl alter, im Ruhestand lebender Menschen bei scharf gesunkener Geburtenrate, die uns eine humane Aufgabe erster Ordnung stellt. Sie gehört zugleich zur anderen großen und ungelösten Problematik, der Arbeitslosigkeit. Jeder dritte Beschäftigte kommt heutzutage irgendwann mit der Arbeitslosigkeit persönlich in Berührung.

Familiäre und nachbarschaftliche, kirchliche und gewerkschaftliche Bindungen können eine zunehmende Vereinzelung der Betroffenen nur unzureichend verhindern. In der gewerblichen Wirtschaft wächst zwar die Zahl der Arbeitsplätze erheblich, aber der internationale Kostenwettbewerb und die Technik wirken auch umgekehrt. Gleichzeitig steigt der Bedarf an sozialen Dienstleistungen. Beides zusammen macht die Forderung dringlich, statt Arbeitslosigkeit mehr soziale Arbeit zu ermutigen und auch zu finanzieren.

Es gibt Spötter, die sagen: „Uns geht es schlecht, aber auf hohem Niveau." Das ist ziemlich grober Unfug. Denn einerseits ist es wahr, dass Menschen unter uns gar nicht auf hohem Niveau, sondern unter großen Schwierigkeiten leben. Ihnen gilt es, tatkräftig zu helfen. Andererseits befindet sich unser Land in der Spitzengruppe des Wohlstandes der Welt. Wir haben die materiellen und geistigen Kräfte, um uns führend am Kampf gegen globale Notstände zu beteiligen.

Die schärfsten Probleme der Gegenwart sind Hunger und Not, Ungerechtigkeit und Verschuldung in weiten Teilen der Welt. Der Zuwachs der Erdbevölkerung ist ungebrochen und nimmt wahrhaft verheerende Ausmaße an. Denn er führt zur immer weiteren Zerstörung der Naturräume. Wir in den Industrieländern denken vor allem an das zukünftige Weltklima. Menschen in Not denken an ihr Brot von heute. Sie werden erst dann lernen, die Kinderzahl zu begrenzen und die Natur zu schützen, wenn sich ihre Notlage bessert. Dies hängt zunächst von ihnen selbst ab, aber nicht weniger von unserer Hilfe und von den Weltmärkten, die wir beherrschen, nicht sie.

Noch leben wir in unverantwortlichem Ausmaß auf Kosten anderer Teile der Welt und zu Lasten der Zukunft. Ist uns das ganze Ausmaß drohender Klimaveränderungen wirklich bewusst? Wissen wir, dass wir einen Treibhauseffekt mitverursachen, der später weite, dichtbesiedelte Küstengebiete, Flussmündungen und Inselstaaten buchstäblich dem Untergang preisgeben kann?

Mit wachsender Härte zwingen uns die Probleme umzulernen. Noch immer erscheint die Natur im Haushalt des Menschen nur als ein Rechnungsposten unter vielen. In Wahrheit aber ist der Mensch selber nur ein Faktor unter anderen im Haushalt der Natur. Er gehört der Natur an und muss lernen, das Ganze zu wahren, dessen Teil er ist. Er muss die Natur um ihrer selbst willen schützen.

Damit beginnen wir auch, die Gefahren des Verteilungskampfes zwischen Gegenwart und Zukunft besser zu begreifen. Wir schulden den späteren Generationen keinen geringeren Schutz als den Lebenden. Umweltschutz wird zum Nachweltschutz. Auch das Grundgesetz steht für solche Einsichten offen.

Die wachsende Sorge nicht vor der Wissenschaft und Technik an sich, aber vor ihrer Verselbständigung tritt hinzu. Überschauen wir noch die Auswirkungen neuer Erkenntnisse und Techniken in der Molekular- und Neurobiologie auf die Erbmasse von Pflanzen, Tieren und Menschen? Wie weit sind Computer schon auf dem Wege, sich selbst zu programmieren?

Mit der Frage, ob wir dürfen, was wir können, ist es bei weitem nicht mehr getan. Wir können zu wenig, um verantwortlich entscheiden zu können, ob das geschehen darf, was geschehen kann, und ob das geschehen kann, was geschehen muss.

Wir werden das Problem nicht lösen, indem wir die Menschenwürde gegen die Freiheit der Wissenschaft und Forschung ins Feld führen. Es wäre so unrealistisch wie ethisch vage. Wichtig ist eine ungehinderte Information und eine breite Bewusstseinsbildung. Möglichst viele sollten möglichst viel wissen. Nicht alle Laien können Sachverständige werden, und demokratisch gewählte Organe dürfen die Entscheidung nicht in die Hand von Experten legen.

Aber Laien wie Politiker haben keinerlei Grund, ihre Rolle nur deshalb gering zu veranschlagen, weil sie keine Spezialisten sind. Sie haben Recht und Pflicht, immer von neuem kritisch nachzufragen. Nichts schadet einer Gesellschaft mehr als nachlassendes Mitdenken. Nirgends ist unsere in Freiheit gewachsene Öffentlichkeit so gut am Platz und so notwendig wie hier.

Zu den bestimmten Aufgaben unserer Zeit zählen die Veränderungen in ganz Europa.

Jean Monnet, der große Europäer, sagte 1943 an die Adresse der damaligen Kriegsgegner Deutschlands, sie hätten den Ersten Weltkrieg gewonnen, aber den Frieden verloren; nun seien sie im Begriff, den Zweiten Weltkrieg zu gewinnen, und diesmal werde es entscheidend sein, auch den Frieden zu gewinnen.

Frieden kann man nicht gegeneinander gewinnen, sondern nur miteinander. In der Europäischen Gemeinschaft ist es uns gelungen. Noch haben wir bedeutsame Hindernisse bis zum Ziel der politischen Union zu überwinden. Aber zum Wohle ihrer Völker ist der Weg der Gemeinschaft unumkehrbar geworden. Ihr gemeinsames Gewicht in der Welt wächst. Der Friede unter den Partnern der Gemeinschaft und auch im Europarat ist besiegelt.

Jenseits unserer Grenzen leben jedoch Menschen, die Europäer sind wie wir, geprägt von der gemeinsamen Geschichte, erfüllt vom selben Verlangen nach Freiheit und gerechten Lebenschancen. Mutig und unüberhörbar drängen sie darauf bei sich zu Hause. Klar und eindeutig sind auch ihre Erwartungen an uns, dass wir uns nicht in unserem Wohlstand abschirmen, sondern unsere Freiheit einsetzen, um den Menschen in ganz Europa vorwärtszuhelfen.

Wahrhaft aufregende Perspektiven zeichnen sich ab. Die großen Mächte stoßen an ihre Grenzen. Die Probleme, vor denen sie stehen, lassen ihrer Natur nach kaum noch interne oder konfrontative Lösungen zu. Ihre Waffensysteme können sie nur noch um den Preis der Selbstvernichtung einsetzen. Das militärische Potenzial nimmt in seiner Bedeutung ab. Über den Rang einer Weltmacht entscheidet dagegen in wachsendem Maße ihre wissenschaftliche und technische, ihre wirtschaftliche und soziale Kraft im Innern und ihre Wettbewerbsfähigkeit im Weltmaßstab.

Auch die sowjetische Führung hat dies erkannt. Wenn sie im globalen Vergleich nicht immer weiter zurückfallen will, muss sie ihr eigenes System aus seiner Erstarrung lösen. Sie leitet umfassende Reformen ein. Dabei erkennt sie immer klarer, dass sie nur dann Erfolg haben kann, wenn sie sich Schritt für Schritt unseren Grundsätzen annähert: Sie muss dezentralisieren, Selbstverantwortung ermutigen, persönliche Leistung belohnen, den Bürger rechtsstaatlich besser schützen, seine Stimme politisch ernster nehmen, öffentliche Kritik zulassen und sich um Wahrhaftigkeit gegenüber der eigenen Geschichte bemühen.

Ein atemberaubender Prozess ist im Gang. Seine Risiken sind gewaltig. Niemand weiß, ob er zum Erfolg führt. Gewiss aber ist eins, dass wir ihn um unserer eigenen Ziele willen wünschen müssen und, soweit wir können, fördern sollten. Denn seine Chancen kommen letzten Endes nicht den Systemen, sondern den Menschen in ganz Europa zugute.

Spannungen zwischen Ost und West kennzeichneten die ganze Nachkriegszeit. Gegensätze der Interessen und Systeme sind auch heute noch längst nicht überwunden. Dennoch ist die europäische Nachkriegsordnung in Be-

wegung geraten. Wirtschaft, Technik, Wissenschaft und
– allen voran – die massiv gefährdete Natur verändern das
Wesen von Grenzen. Es wird immer wirkungsloser, sie
zu befestigen, immer sinnloser, um ihre Verschiebung
zu streiten. Denn unsere existenziellen Probleme werden
grenzenlos.

Damit stehen wir im Westen vor einer gewaltigen
Probe. Veränderungen drüben erfordern neues Denken
auch bei uns. Unter den Bedingungen des Kalten Krieges war es leicht, einig zu sein. Es wird unbequemer,
wenn die Welt nicht mehr so eindeutig Auskunft gibt,
wer nun für uns und wer gegen uns ist. Sind die Polen
und die Ungarn, die in ihrem Pakt bleiben wollen, aber
Anschluss an unsere Wirtschaftsordnung suchen, gegen
uns? Nehmen wir ihre Hoffnungen ernst genug?

Einigkeit im Westen brauchen wir heute erst recht, sowohl um der Risiken als auch um der Chancen willen.
Wir müssen entschlossen sein und imstande bleiben,
unsere Freiheit und Unabhängigkeit gegenüber jedermann zu schützen. Wir brauchen Bündnis und Bundeswehr. Es gilt, wie bisher so auch in Zukunft den Krieg zu
verhindern. Dazu haben wir unseren Wehrdienst, und –
wenn ich mir die Bemerkung erlauben darf – es wäre klarer, wenn im Grundgesetz vom Recht zur Verweigerung
nicht des Kriegsdienstes, sondern des Wehrdienstes die
Rede wäre. Er ist kein Kriegsdienst, sondern ein Kriegsverhinderungsdienst. Das sollte jeder wissen, der sich
legitimerweise prüft, ob er aus Gewissensgründen von
seinem verfassungsmäßigen Recht der Verweigerung
Gebrauch machen soll.

Sicherheitspolitik bleibt also ein notwendiger Rahmen in den internationalen Beziehungen. Aber sie ist nicht mehr ihr gestaltendes Prinzip. Was im Atlantischen Bündnis schon vor über zwanzig Jahren mit der Harmel-Doktrin geplant wurde, das kann sich heute erfüllen: der feste Zusammenhang von Verteidigung und Entspannung. Wir brauchen Lösungen, in denen alles zusammenstimmt.

Es ist ein Gebot der Sicherheit, über Abrüstung und Rüstungskontrolle mit voller Offenheit zu verhandeln. Wir im Westen müssen zur systemöffnenden Zusammenarbeit mit dem Osten bereit sein, und zwar im Sinne des Wesenskerns der westlichen Demokratie, nämlich im Geist von Menschenrecht und freier Selbstbestimmung.

Aus diesem uns verpflichtenden Geist heraus sind wir jeder Chance für andere Länder in ganz Europa aktiv zugewandt, und wer in solcher Haltung einen Anflug von Bündnisuntreue gegenüber dem Westen wittert, der leidet selbst unter einem Anflug von Vergesslichkeit gegenüber der freiheitlichen Verantwortung, aus der dieses Bündnis lebt.

Heute gibt es die wahrhaft historische Chance zu einem Wandel, der uns einem geordneten Frieden in Europa näherbringen kann. Wir schaffen es vom Westen aus gewiss nicht allein. Aber ohne den nur uns möglichen Beitrag kann es auch nicht gelingen. Es gilt, ihn nüchtern und entschlossen zu leisten. Denn die Geschichte pflegt ihre Angebote nicht zu wiederholen.

Wir, die Bundesrepublik Deutschland, sind unwiderruflich eingebettet in die Europäische Gemeinschaft und das Atlantische Bündnis. Eine Großmacht sind wir nicht, aber ein Spielball anderer auch nicht. Es ist für uns ein entscheidender Gewinn, Freunde und Partner gefunden zu haben.

Das Bündnis, das westliche Europa und der ganze Kontinent sind aber ihrerseits entscheidend angewiesen auf unsere Beiträge. Unser politisches Gewicht bestimmt sich durch unsere zentrale Lage und die besondere Situation Berlins, durch unsere Bevölkerungszahl, unsere Leistungsfähigkeit und unsere Stabilität. Sowenig wir einen Sonderweg haben oder suchen, so unangebracht wäre es, unsere eigenen Interessen zu verbergen. Sonst wären wir keine berechenbaren, zuverlässigen Verbündeten.

Wir stehen im Dienste der politischen Ziele, die uns die Präambel des Grundgesetzes vorgibt: Frieden, Einheit der Europäer, Einheit der Deutschen. Wie wir ihnen näherkommen, das will und kann uns die Verfassung nicht vorschreiben. Wir müssen den Einklang der Ziele und den Weg zu ihnen selbst finden.

Mit Überzeugung gehen wir schon seit Jahrzehnten den Weg der Europäischen Gemeinschaft. Der Hauptteil der Landwirtschaft und der Außenhandel liegen in europäischer politischer Zuständigkeit. Ökologie und Ökonomie in ihrer immer engeren gegenseitigen Abhängigkeit können wir allein nicht mehr bewältigen. Die Gemeinschaft braucht mehr Befugnisse, um zur Europäischen Union werden zu können.

Wie verträgt sich diese Entwicklung mit unserer Nation, unserem Staat, unserem Empfinden als Deutsche? Soll alles Nationale europäisch wegharmonisiert werden?

Davon kann keine Rede sein. Je mehr übernationale Entscheidungen zwingend notwendig werden, um so wichtiger ist die eigene Heimat.

Wir haben dafür in unserer Überlieferung gute Voraussetzungen, bessere als die meisten unserer europäischen Partner. Wir sind ein Bundesstaat. Von Haus aus sind wir Föderalisten. Die deutsche Geschichte ist durch die Vielfalt der Regionen, der Konfessionen und Lebensgefühle geprägt. Anders als bei den meisten Nachbarn hatte sie nur im Ausnahmefall zentralistische Phasen, in der Regel dagegen gute Kapitel der Badener, Sachsen und Mecklenburger, der Bayern, der Preußen und anderer deutscher Länder. Unser Föderalismus ist höchst lebendig. Er verliert seine beschützende Kraft nicht, auch wenn er den Gesamtstaat als Notwendigkeit erkennt und trägt.

Erst die Verfälschung eines humanen Nationalgefühls in Nationalismus war zerstörerisch. Patriotismus ist Liebe zu den Seinen; Nationalismus ist Hass auf die anderen, und dieser wurde zur Hauptursache für den europäischen Bruderkrieg. Seine Überwindung durch die Gemeinschaft ist ein wahrer Fortschritt zum Frieden in Europa, und es ist gut, dass wir Deutschen haben dazu maßgeblich beitragen können.

Nicht die Zentralstaatsnation, sondern der föderale Gedanke prägt unseren Staat. Er ist es, der uns auch den Weg zu den Zielen unserer Verfassung ebnet. Wir wissen aus der Erfahrung unseres Volkes, dass die Eigenart seiner selbstbewussten föderalen Glieder nicht wegintegriert, sondern um der Heimatwurzeln der Menschen willen stärker werden kann, wenn das Land aus eigener

Einsicht in neue Notwendigkeiten Befugnisse an höhere Ebenen abgibt. Wir werden es deshalb leichter haben als andere, wenn nach einem ähnlichen Modell eine neue politische Architektur in Europa entsteht.

Die offene deutsche Frage ist Ausdruck der Zusammengehörigkeit der Deutschen, die schweren Belastungen ausgesetzt und doch lebendig geblieben ist und bleibt, wie die Präambel selbst, die an die Freiheit anknüpft. Unsere Verfassung sieht die deutsche Frage nicht im Gegensatz, sondern im Zusammenhang mit Europa. Für sie ist der Gedanke eines aufeinander zu wachsenden größeren Europas maßgeblich. Von ihm lassen wir uns im Bewusstsein leiten, dass die Geschichte offen ist und dass wir ihr am besten zuarbeiten, wenn wir uns den heutigen großen Herausforderungen verantwortlich zuwenden.

Langweilig ist es uns nie geworden. Es geht spannend zu in der Bundesrepublik Deutschland. Die Probleme erscheinen uns oft unlösbar. Mancher wird darüber verzweifeln. Den möchte ich an das Dichterwort erinnern: „Wer sich der Verzweiflung hingibt, verliert den Kopf. Wer Komödien schreibt, benutzt ihn."

Nun ist der Gegenstand von Komödien zwar der gute Ausgang von ernsten Konflikten. Dennoch wollen wir Politiker sie weder schreiben noch aufführen. Dazu sind wir nicht gewählt; wir sind gewählt zur Auseinandersetzung über den besten Weg, mit Kopf und Herz, mit großem Ernst, aber ohne Verbissenheit. Wir teilen die Aufgabe, dem Staat zu dienen. Einer gibt sie an den anderen weiter, je nach Wählerauftrag. Es wechselt nicht der Staat, es wechseln Regierungen. Die oft propagierte Lehre von den großen Zäsuren steht im Widerspruch zu unseren Erfahrungen.

Es gibt keine Stunde Null. Mit keinem demokratischen Machtwechsel droht der Untergang, mit keiner neuen Regierung fängt die Sache erst richtig an. Ein Gegner ist immer auch ein Lehrer, das ist doch ein gutes Sprichwort. Wir korrigieren einander und arbeiten doch stets mit den guten und schlechten Erbschaften unserer Vorgänger weiter. Alle sind daran beteiligt und alle davon betroffen. Wir sitzen zusammen in einem Boot der Kontinuität, und das ist gut.

Am Ideal gemessen, versagt die Wirklichkeit. Aber was wäre das für eine traurige Wirklichkeit, wenn sie aufhören würde, sich nach dem Ideal zu orientieren und nach der Wahrheit zu fragen? Nähern wir uns im demokratischen Wettbewerb der Wahrheit? Wo bleibt sie in unserer offenen pluralistischen Gesellschaft?

Niemand hat sie. Niemand darf deshalb die Freiheit anderer beschneiden, weil er der Meinung ist, er besäße sie. Es geht aber nicht ohne das Ringen um Wahrheit. Wir alle, Wähler und Politiker, alt und jung, Mann und Frau, Laien und Sachverständige, sind dazu aufgefordert, in der Verbindung von Freiheit und Wahrheitssuche uns an der Lösung der Zukunftsfragen zu beteiligen.

Die überragende Zukunftsfrage ist das Überleben der Schöpfung. Das nüchterne, mit Werten so sparsame Grundgesetz nimmt dieses Thema bereits in seiner Präambel auf. „Im Bewusstsein seiner Verantwortung vor

Gott und den Menschen" wurde das Grundgesetz für die Bundesrepublik Deutschland beschlossen.

Unser Gemeinwesen ist weltanschaulich neutral. Jeder folgt seiner eigenen Überzeugung. Für mich als Christen bedeutet die Verantwortung des Menschen vor Gott in ihrer politischen Dimension die Verantwortung für die uns Menschen anheimgegebene Schöpfung.

Das Grundgesetz ruft uns auf, vor unseren Kindern dieser Verantwortung für die Schöpfung gerecht zu werden. Das ist der Kern.

Unsere Verfassung, die sich in vierzig Jahren bewährt hat, erfüllt damit ihre große Bedeutung für unsere Zukunft. Darin können wir alle einig sein.

Staatsakt zum Tag der deutschen Einheit, Berlin, 3. Oktober 1990

In der Präambel unserer Verfassung, wie sie nun für alle Deutschen gilt, ist das Entscheidende gesagt, was uns am heutigen Tag bewegt:

In freier Selbstbestimmung vollenden wir die Einheit und Freiheit Deutschlands. Wir wollen in einem vereinten Europa dem Frieden der Welt dienen. Für unsere Aufgaben sind wir uns der Verantwortung vor Gott und den Menschen bewusst.

Aus ganzem Herzen empfinden wir Dankbarkeit und Freude – und zugleich unsere große und ernste Verpflichtung. Die Geschichte in Europa und in Deutschland bietet uns jetzt eine Chance, wie es sie bisher nicht gab. Wir erleben eine der sehr seltenen historischen Phasen, in denen wirklich etwas zum Guten verändert werden kann. Lassen Sie uns keinen Augenblick vergessen, was dies für uns bedeutet.

Es gibt drinnen und draußen drückende Sorgen; das übersehen wir nicht. Vorbehalte unserer Nachbarn nehmen wir ernst. Auch spüren wir, wie schwierig es sein wird, den Erwartungen gerecht zu werden, die uns aus allen Himmelsrichtungen erreichen. Aber wir wollen und werden uns nicht von Ängsten und Zweifeln leiten lassen, sondern von Zuversicht. Entscheidend ist der feste Wille, unsere Aufgaben mit Klarheit zu erkennen und gemeinsam in Angriff zu nehmen. Dieser Wille gibt uns

Kraft, die Alltagssorgen ins rechte Verhältnis zu bringen mit unserer Herkunft und Zukunft in Europa.

Zum ersten Mal bilden wir Deutschen keinen Streitpunkt auf der europäischen Tagesordnung. Unsere Einheit wurde niemandem aufgezwungen, sondern friedlich vereinbart. Sie ist Teil eines gesamteuropäischen geschichtlichen Prozesses, der die Freiheit der Völker und eine neue Friedensordnung unseres Kontinents zum Ziel hat. Diesem Ziel wollen wir Deutschen dienen. Ihm ist unsere Einheit gewidmet.

Wir haben jetzt einen Staat, den wir selbst nicht mehr als provisorisch ansehen und dessen Identität und Integrität von unseren Nachbarn nicht mehr bestritten wird. Am heutigen Tag findet die vereinte deutsche Nation ihren anerkannten Platz in Europa.

Was dies heißt, erkennen wir an der Bedeutung von Grenzen. Kein europäisches Land hat so viele Nachbarn wie wir. Durch Jahrhunderte ist wegen der Grenzen Gewalt angewendet und unendlich viel Blut vergossen worden. Jetzt leben alle unsere Nachbarn und wir selbst in gesicherten Grenzen. Sie sind nicht nur durch den Verzicht auf die Anwendung von Gewalt geschützt, sondern durch die tiefe Einsicht in ihre veränderte Funktion. Unsäglich hart für die Menschen war der erzwungene Heimatverlust. Neuer Streit um Grenzen aber verliert jeden Sinn. Um so zündender ist das Verlangen, ihnen ihren trennenden Charakter zu nehmen. Alle Grenzen Deutschlands sollen Brücken zu den Nachbarn werden. Das ist unser Wille.

Die Gedanken der Französischen Revolution haben zusammen mit der Verfassungsentwicklung in Amerika und in Großbritannien die Grundlage der westlichen Demokratie geschaffen. Ein Konzept rechtsstaatlicher humaner Freiheit hat sich gebildet, das immer mehr zum Maßstab wurde. Es ist nicht auf Anhieb überallhin übertragbar. Wo immer sich aber der Drang nach politischer Freiheit, nach Leistungsfähigkeit und menschenwürdiger Sozialstaatlichkeit Bahn bricht – bis hinein in das Herz von Peking –, bilden Werte und Regeln westlicher Demokratien das Modell, an dem sich jeder misst.

Wir Deutschen hatten frühzeitig an der demokratischen Entwicklung Anteil. Und doch folgten wir ihr in der politischen Praxis nur halbherzig. Rechtsstaatlichkeit war bei uns aus eigenen Traditionen erwachsen. In den preußischen Reformen der napoleonischen Zeit wurde die kommunale Selbstverwaltung zur Quelle demokratischer Gesinnung. Im Zeichen der Paulskirche suchte das Volk Einigkeit und Recht und Freiheit. Es wollte durchaus die Einheit, die schließlich 1871 geschaffen wurde, war aber an den Entscheidungen nicht beteiligt. Immer wieder gab es die romantische Suche nach einem dritten Weg für die innere Ordnung Deutschlands und für seinen Platz in Europa. Aber es waren Illusionen. Auch die Weimarer Republik schaffte es nicht, eine lebensfähige Demokratie durchzusetzen.

Mit der Gründung der Bundesrepublik Deutschland verband sich zunächst die ernste Sorge, vom Westen her die Teilung Deutschlands zu verfestigen. Dennoch führte der Weg nicht wieder in eine Sackgasse. Zunächst durfte ihn nur ein Teil der Deutschen beschreiten. Heute jedoch können wir zusammen einen neuen Anfang machen.

Die Vereinigung Deutschlands ist etwas anderes als eine bloße Erweiterung der Bundesrepublik. Der Tag ist gekommen, an dem zum ersten Mal in der Geschichte das ganze Deutschland seinen dauerhaften Platz im Kreis der westlichen Demokratien findet.

Dies ist für uns selbst wie für alle unsere Nachbarn ein Vorgang von fundamentaler Bedeutung. Er wird die Mitte Europas verändern. Wir werden maßgeblich daran beteiligt sein, im gemeinsamen Handeln mit unseren westlichen Partnern und in unseren Werten und Zielen fest mit ihnen verwachsen.

Inmitten unserer europäischen Nachbarschaften hatte uns das Schicksal in den letzten vierzig Jahren geteilt. Es hat die einen begünstigt und die anderen belastet. Aber es war und bleibt unser gemeinsames deutsches Schicksal. Dazu gehört die Geschichte und die Verantwortung für ihre Folgen. Die SED hatte eine Teilung zu verordnen versucht. Sie hatte gemeint, es genüge, sich als sozialistische Zukunftsgesellschaft zu proklamieren, um sich von der Last der Geschichte zu befreien.

Aber in der DDR hat man es ganz anders erlebt und empfunden. Die Menschen mussten dort die weitaus schwereren Kriegsfolgelasten tragen als ihre Landsleute im Westen. Und sie haben immer gefühlt, dass die verantwortliche Erinnerung an die Vergangenheit eine unentbehrliche Kraft der Befreiung für die Zukunft ist. Kaum war der erzwungene Sprachgebrauch verschwunden, stellten sie sich offen den Fragen der Geschichte. Mit großer Achtung hat die Welt registriert, wie aufrichtig die freien Kräfte und zumal die Jugend in der DDR es als ihre Aufgabe ansahen gutzumachen, was das alte Regime der geschichtlichen Mitverantwortung schuldig geblieben war. Der Besuch der Präsidentinnen beider frei gewählter deutscher Parlamente vor ein paar Monaten in Israel zum Gedenken an den Holocaust – diesem schrecklichsten aller Verbrechen – hat dort einen tiefen Eindruck hinterlassen. Er symbolisiert die Gemeinsamkeit der Deutschen gerade auch in ihrer geschichtlichen Verantwortung. Die nationalsozialistische Gewaltherrschaft und der von ihr ausgegangene Krieg haben den Menschen in fast ganz Europa und bei uns zu Hause unermesslich schweres Unrecht und Leid zugefügt. Wir bleiben der Opfer immer eingedenk. Und wir sind dankbar für die wachsenden Zeichen der Aussöhnung zwischen den Menschen und Völkern.

Die Hoffnung auf Freiheit und auf Überwindung der Teilung in Europa, in Deutschland und zumal in Berlin war in der Nachkriegszeit nie untergegangen. Und doch hat kein Mensch die Vorstellungskraft besessen, den Gang der Ereignisse vorauszusehen. So erleben wir den heutigen Tag als Beschenkte. Die Geschichte hat es dieses Mal gut mit uns Deutschen gemeint. Um so mehr haben wir Grund zur gewissenhaften Selbstbesinnung.

Nach dem Ende des Zweiten Weltkrieges wurde die Teilung Deutschlands der zentrale Ausdruck der Teilung Europas. Sie entsprach nicht dem einvernehmlichen Willen der Sieger, vielmehr war sie die Folge ihres Streites. Der verschärfte Ost-West-Gegensatz verfestigte sie. Doch werden wir uns damit nicht herausreden. Niemand bei uns wird vergessen, dass es ohne den von Deutschland unter Hitler begonnenen Krieg nie zur Teilung gekommen wäre.

Im Zeichen des Kalten Krieges und unter dem Schutz des atomaren Patt entfaltete sich nun über vierzig Jahre hinweg der Wettbewerb der gesellschaftlichen Systeme zwischen Ost und West. Diese Phase geht jetzt ihrem Ende entgegen.

Die sowjetische Führung unter Präsident Gorbatschow hat erkannt, dass Reformen in Richtung auf Demokratie und Marktwirtschaft unausweichlich geworden sind. Diese Reformen wären aber ohne Freiheit zur Erfolglosigkeit verdammt. Daraus wurden mutige Konsequenzen gezogen, auf eine Bevormundung der Verbündeten verzichtet und ihre politische Selbstbestimmung geachtet. So kam es zu den historisch beispiellosen friedlichen Revolutionen in Mittel-, Ost- und Südosteuropa. So wurde die freie Entscheidung der Deutschen für die staatliche Einheit akzeptiert.

Noch ist ein Erfolg des Reformkurses, wie ihn die sowjetische Führung ansteuert, vielfach bedroht. Aber sie hat sich schon jetzt ein historisches Verdienst erworben. Und viele Menschen, darunter wir Deutschen, haben dafür Grund zur Dankbarkeit.

Unser Dank gilt den Bürgerbewegungen und Völkern in Ungarn, in Polen und in der Tschechoslowakei. Die Menschen in Warschau, Budapest und Prag haben Beispiele gegeben. Sie haben den Weg zur inneren Freiheit in der DDR als Bestandteil eines gemeinsamen geschichtlichen Prozesses aufgefasst und ermutigt. Unvergessen ist auch ihre Hilfe für die Flüchtlinge und damit ihr ganz direkter

Beitrag zur Überwindung von Mauer und Stacheldraht. Das vereinte Deutschland wird mit ihnen in Zukunft eine offene und enge Nachbarschaft suchen.

Für Freiheit und Menschenrecht einzutreten, ist das zentrale Bekenntnis unserer westlichen Verbündeten und Freunde, vor allem der Amerikaner, der Franzosen und der Briten. Ihr Schutz, ihre Tatkraft und Zusammenarbeit haben uns entscheidend geholfen. Sie haben, was das Wichtigste ist, Vertrauen in uns gesetzt. Dafür danken wir ihnen heute von Herzen.

Wie bedeutungsvoll das Verständnis der Partner für die Vereinigung der Deutschen war, hat sich in der eindeutigen und konstruktiven Haltung der Europäischen Gemeinschaften gezeigt. Es ist mir eine Freude, unter uns den Präsidenten der Europäischen Kommission, Jacques Delors, und seine Kollegen zu begrüßen und ihnen unsere Achtung und Dankbarkeit für ihre Weitsicht zu bekunden.

Zu danken haben wir heute vor allem jenen Deutschen, die in der DDR den Mut aufbrachten, sich gegen Unterdrückung und Willkür zu erheben. Seit über zehn Jahren hatten Zusammenkünfte und Friedensgebete in den Kirchen die Gedanken der friedlichen Revolution vorbereitet, vertieft und verbreitet. Die Macht der Staatssicherheit blieb aber allgegenwärtig. Der Einsatz der Waffen drohte unmittelbar bis tief in den Herbst 89 hinein. Nachgeben und Zurückweichen wären nur allzu verständlich gewesen. Doch die Hoffnungen in den Herzen der Menschen ließen sich nicht mehr unterdrücken.

„Wir sind das Volk", mit diesen vier einfachen und großen Worten wurde ein ganzes System erschüttert und zu

Fall gebracht. In diesen Worten verkörperte sich der Wille der Menschen, das Gemeinwesen, die res publica, selbst in die Hand zu nehmen. So wurde die friedliche Revolution in Deutschland wahrhaft republikanisch. Dass sie nach beinahe sechzig Jahren bitterer Unterdrückung erfolgte, macht sie nur um so erstaunlicher und glaubwürdiger. Demokraten hatten sich zusammengefunden, mit dem Ziel der Freiheit und der Solidarität, beides in einem ein Auftrag für uns alle.

Zu danken ist heute aber auch den Bürgerinnen und Bürgern im Westen. Ohne das Vertrauen der Völker in uns Deutsche hätten wir uns nicht vereinigen können. Dieses Vertrauen ist mit dem Leben der Bundesrepublik in vierzig Jahren gewachsen. Unsere Bevölkerung hat sich in der freiheitlichen Demokratie und im europäischen Bewusstsein verwurzelt. Die Deutschen sind berechenbare, zuverlässige und geachtete Partner geworden. Das hat die innere Zustimmung unserer Nachbarn und der ganzen Welt zu unserer Einheit ganz entscheidend gefördert.

Nun sind aus den vier Worten viele Tausende geworden. In einer schier unglaublichen Leistung sind Vereinbarungen und Verträge zustande gebracht worden, die uns heute die Einheit nach innen und außen besiegeln lassen. Die Materie war oft schwer durchschaubar. An Konflikten fehlte es nicht. Der Zeitdruck wurde immer wieder enorm. Tag und Nacht wurde gearbeitet. Das können wir ja, wenn es darauf ankommt.

In Zukunft wird noch mehr als eine Unklarheit aufzuhellen, mehr als ein Streit zu schlichten sein. Alles in allem aber kann man über das vollbrachte Werk nur staunen. Und ich möchte der verantwortlichen politischen Führung in beiden bisherigen deutschen Staaten, den gesetzgebenden Körperschaften und nicht zuletzt den vielen ganz vortrefflichen Mitarbeitern in den Ämtern für ihre Arbeit danken. Ihre Hingabe an die Sache war beispielhaft. Die geleistete Arbeit trägt ihren Lohn in sich selbst.

Die Form der Einheit ist gefunden. Nun gilt es, sie mit Inhalt und Leben zu erfüllen. Parlamente, Regierungen und Parteien müssen dabei helfen. Zu vollziehen aber ist die Einheit nur durch das souveräne Volk, durch die Köpfe und Herzen der Menschen selbst. Jedermann spürt, wie viel da noch zu tun ist. Es wäre weder aufrichtig noch hilfreich, wollten wir in dieser Stunde verschweigen, wie viel uns noch voneinander trennt.

Die äußeren Zwangsmittel der Teilung hatten ihr Ziel, uns zu entfremden, nicht erreicht. Widermenschlich, wie Mauer und Stacheldraht waren, hatten sie den Willen zusammenzukommen nur um so tiefer erfahren lassen. Wir empfanden es vor allem in Berlin, dieser Stadt von zentraler Bedeutung in Vergangenheit und Zukunft. Die Mauer täglich sehen und spüren ließ uns nie aufhören, an die andere Seite zu glauben, auf sie zu hoffen. Jetzt ist die Mauer weg, und das ist das Entscheidende.

Doch nun, da wir die Freiheit haben, gilt es, in ihr zu bestehen. Deutlicher als früher erkennen wir heute die Folgen der unterschiedlichen Entwicklungen. Die Kluft im Materiellen springt als Erstes ins Auge. Auch wenn die Menschen in der DDR mit der Mangelwirtschaft alltäglich in ihrem Leben konfrontiert waren, das Beste daraus gemacht und hart gearbeitet haben – das wollen wir nicht vergessen –, trat das Ausmaß der Probleme und damit der Distanz zum Westen doch erst in den letzten Monaten ganz klar hervor. Wenn es gelingen soll, das Gefälle bald zu überwinden, dann bedarf es dafür nicht nur der Hilfe, sondern vor allem auch der Achtung untereinander.

Für die Deutschen in der ehemaligen DDR ist die Vereinigung ein täglicher, sie ganz unmittelbar und persönlich berührender, ein existenzieller Prozess der Umstellung. Das bringt oft übermenschliche Anforderungen mit sich. Eine Frau schrieb mir, sie seien tief dankbar für die Freiheit und hätten doch nicht gewusst, wie sehr die Veränderung an die Nerven gehe, wenn sie geradezu einen Abschied von sich selbst verlange. Sie wollten ja nichts sehnlicher, als ihr Regime loszuwerden. Aber damit zugleich fast alle Elemente des eigenen Lebens von heute auf morgen durch etwas Neues, Unbekanntes ersetzen zu sollen, übersteigt das menschliche Maß.

Bei den Menschen im Westen war die Freude über den Fall der Mauer unendlich groß. Dass aber die Vereinigung etwas mit ihrem eigenen persönlichen Leben zu tun haben soll, ist vielen nicht klar oder sogar höchst unwillkommen.

So darf es nicht bleiben. Wir müssen uns zunächst einmal gegenseitig besser verstehen lernen. Erst wenn wir wirklich erkennen, dass beide Seiten kostbare Erfahrungen und wichtige Eigenschaften erworben haben, die es wert sind, in der Einheit erhalten zu bleiben, sind wir auf gutem Wege.

Zunächst zum Westen. Hier ist eine Entwicklung besonders hervorzuheben. Die Menschen haben im Laufe der Jahre Zuneigung zu ihrem Gemeinwesen entwickelt, frei von gekünstelten Gefühlen und nationalistischem Pathos. Gewiss, in der vierzigjährigen Geschichte der Bundesrepublik gab es manche tiefgehenden Konflikte zwischen Generationen, sozialen Gruppen und politischen Richtungen. Sie wurden oft mit Schärfe ausgetragen, aber ohne den Hang zum Destruktiven, der die Weimarer Republik allzusehr belastete. Auch die Jugendrevolte am Ende der sechziger Jahre trug allen Verwundungen zum Trotz zu einer Vertiefung des demokratischen Engagements in der Gesellschaft bei. Mit der Erfahrung, Konflikte regeln zu können, wuchs ein gemeinsamer Bestand an Vertrauen zur Verfassung heran. Innere Unsicherheiten sind gewichen. Das ständige Vergleichen mit anderen Völkern hat nachgelassen. Es muss bei den anderen nicht alles schlecht sein, damit es bei uns gut ist. Und umgekehrt finden sich positive Verhältnisse nicht nur jenseits der Grenzen. Die Gelassenheit im Urteil und im Lebensgefühl hat zugenommen.

Einige im Westen entdecken erst jetzt so richtig die Vorzüge ihres eigenen Staates. Mancher, der in der Vergangenheit zu den schärfsten Kritikern der inneren Verhältnisse der Bundesrepublik zählte, spricht nun gar sorgenvoll davon, dass im vereinten Deutschland die Liberalität, der Föderalismus und die Bindung an Europa leiden könnten. Ich teile solche Sorgen nicht. Was ich aber sagen will, ist dies: Es ist doch erfreulich, wenn zumal junge Menschen sich mit ihrem Gemeinwesen im Westen identifizieren und in diesem Zusammenhang empfinden, dass die Bonner Republik sich einen guten Ruf erworben hat. Sie sind menschlich in eine internationale und liberale Zivilisationsgemeinschaft hineingewachsen. Sie möchten die gewonnene Weltoffenheit nicht verlieren. Warum sollten sie auch?

Nun zur DDR. Von ihr aus gesehen begegnen sich in der Stunde der Vereinigung Notstände auf der einen und Wohlstand auf der anderen Seite. Es wäre aber ebenso unsinnig wie unmenschlich, würden wir uns einbilden, dass wir zwischen Ost und West als misslungene und gelungene Existenzen aufeinandertreffen oder gar als Böse und Gute. Es sind die Systeme, die sich in ihrem Erfolg unterscheiden, nicht die Menschen. Und das wird sich noch sehr deutlich zeigen, wenn die Deutschen in der bisherigen DDR endlich die gleichen Chancen bekommen, die es im Westen seit Jahrzehnten gibt.

Jedes Leben hat seinen Sinn und seine eigene Würde. Kein Lebensabschnitt ist umsonst, zumal nicht einer in der Not. Die Deutschen in der DDR haben unter schwierigsten Bedingungen menschlich Wesentliches bewirkt, von dem wir nur hoffen können, dass es zur Substanz des vereinten Deutschlands gehören wird.

Würden wir dies übersehen, so würden wir dem abgetretenen System ein letztes Mal gründlich auf den Leim gehen. Sein Vorsatz war es, durch absolute Regeln in Staat und Gesellschaft die Gedanken und Ziele der Menschen zu bestimmen, ja einen neuen, den sozialistischen Einheitsmenschen heranzubilden. Wäre es gelungen, so müsste dieser Mensch in der Tat nunmehr zusammen mit seinem System abtreten. Der Kommunismus ist aber an der Vergeblichkeit dieses Versuches gescheitert. Durchgesetzt hat sich gegen die Anmaßung des Systems die geistige Freiheit des Menschen: die Person gegen das Kollektiv.

Die Ansätze für die Befreiung haben sich unter der Diktatur herausgebildet. Es ist gerade die politische Unfreiheit, die den Blick dafür schärft, wo die Grenzen legitimer Politik liegen, und dass es eine Freiheit des Menschen außerhalb der öffentlichen Angelegenheiten gibt. Unfreiheit lehrt Freiheit. Leben in der DDR machte darin erfahren.

Zwar versorgte der Staat seine Bürger im Sinne seines Systems. Aber den Menschen in seiner Not und Würde erkannte er nicht. So konnte man oft nur überleben, wenn man sich gegenseitig im Stillen half. Not begründete Gemeinschaft. Solidarität blieb kein abstraktes Wort von Grundsatzprogrammen, sondern wurde ganz persönliche Wirklichkeit. Es gehörten Mut und Entsagung dazu, in kirchlichen Gemeinden und diakonischen Einrichtungen mitzuarbeiten. Aber es hat Segen gebracht. Es hat innere Kraft gegeben. Und dort wurden die vom Staat vernachlässigten schwerbehinderten Mitmenschen betreut. So wurde Ehrfurcht vor dem Leben praktiziert.

Das Regime hatte zwar besonders hartnäckig versucht, sich die Kunst und Kultur dienstbar zu machen. Heute wird nun heftig über Verhalten von Künstlern und Qualität ihrer Werke gestritten. Verdrängt wird dabei nichts, und das ist gut. Doch ist ein nachträglicher ethischer Rigorismus nur überzeugend und hilfreich, wenn einer ihn zur Selbstprüfung benutzt. Kunst hat in der DDR vielfach nicht als politische Demonstration gewirkt, wohl aber als eine Kraft, das Leben zu verändern und zu vertiefen. Haben wir es nicht auch gestern Abend und heute wieder bei der Musik verspürt? Das Regime hat geistige Dürre erzeugt. Kunst hat oft der Seele Nahrung gegeben. Sie hat zu ihrem Teil mitgeholfen, worum es vor allem in den kirchlichen Gemeinden ging, nämlich den Raum der inneren Freiheit zu erweitern. Aus ihm erwuchs allmählich die Befreiung von der erzwungenen Lüge, diesem schlimmsten Gift der vergangenen Jahrzehnte, das das Vertrauen im Staat, in der Gesellschaft, zwischen Nachbarn und am Ende zu sich selbst untergraben hatte. So wurde die Freiheit zur Wahrheit das kostbarste Gut, das die Menschen durch ihren Aufstand mit eigener Courage errungen haben.

Uns im Westen blieben solche Bewährungsproben erspart. Wir können nur unsere Achtung bezeugen, und wir wollen sie im Prozess der Vereinigung beweisen.

Seit dem Herbst 89 wurde die menschliche Substanz der DDR unter unglaublich schwierigen äußeren Bedingungen auf neue Weise sichtbar, in den Bürgerbewegungen, am Runden Tisch und bei der kommunalen Neugeburt.

In der Volkskammer übernahmen Menschen vorbereitungslos Verantwortungen, die größer nicht sein konnten. Man hat sie gelegentlich als Laienspieler bezeichnet. Soll das etwa ein Tadel sein? Sie haben über Fraktionsgrenzen hinweg mit Hingabe an den schwierigsten Problemlösungen gearbeitet, ohne ein Ritual von Konfrontationen zwischen Parteien zu pflegen. Sie haben immer wieder notwendige Kompromisse gesucht und gefunden. Mehr als einmal haben sie gezeigt, wie wertvoll es ist, „vom anderen nicht ständig das Schlimmste zu erwarten oder gar zu erhoffen, damit das eigene Weltbild stimmt" (R. Schröder). Wenn Laien den Berufspolitikern so das Wasser reichen, ist es kein schlechtes Omen für die Demokratie.

Nun sind wir mitten in der Arbeit. Ein besonders schweres und bedrückendes Kapitel ist die Erblast des Misstrauens, die uns der Staatssicherheitsdienst hinterlassen hat. Die Kraft des Systems ist gebrochen. Aber noch lebt das Trauma.

Die Verarbeitung kann nicht von außen erfolgen. In dieser Frage gibt es keine externe salomonische Autorität. Wer den Vergiftungen ausgesetzt war, kann am ehesten zur Entgiftung beitragen.

Nicht die politische Idee des Staates als solche war das Böse, sondern ihre Gleichsetzung mit der absoluten Wahrheit. Man glaubte sich in ihrem Besitze und maßte sich an, sie jedermann aufzuzwingen. Und der Staatssicherheitsdienst wurde dafür das Instrument. Mit ihm verkehrte sich der moralische Anspruch der Führung in tiefste Unmoral. Mit ebenso banalen wie rücksichtslosen Mitteln wurden Bürger ausgespäht, bespitzelt, erpresst und korrumpiert, Denunziantentum geschürt. Am hinterhältigsten war die Methode, Opfer zu Mittätern zu machen.

Menschlich unzumutbar und rechtsstaatlich unerträglich wäre es, über die Stasi-Herrschaft einen Mantel des

Vergessens zu breiten. Recht und Gesetz nehmen ihren Lauf. Bei der Behandlung der Akten darf der erforderliche Datenschutz nicht zum Täterschutz werden. Dabei wird aber niemand die Zweifelhaftigkeit der Aufklärungsmittel verkennen. In einem System, das ohne Lüge nicht auskommt, können auch Akten lügen. Es gibt politisch-ethische Verantwortlichkeit, die nicht geahndet werden kann. Schuld reicht weiter als Strafbarkeit. Im Übrigen war manches, was nachträglich als Schuld erscheint, in Wirklichkeit etwas ganz anderes. Es war oft die Folge gewissenhafter Selbstprüfung unter schwerem äußerem Druck.

Seelische Wunden werden nur langsam heilen. Der Abbau des Misstrauens braucht seine Zeit. Aber er ist lebensnotwendig. Durch den Versuch einer totalen Verfolgung würde er misslingen; dadurch kämen wir nur selbst in die Nähe gefährlicher Moralisten. Ziel ist eine Gerechtigkeit, der es nicht um Vergeltung geht, sondern um Aussöhnung und inneren Frieden.

Vordringlich sind jetzt die Sorgen um die wirtschaftliche und soziale Existenz. Das alte System ist nicht zuletzt an seiner ökonomischen Krise gescheitert. Um so wichtiger ist es, dass die Menschen in der ehemaligen DDR ihre errungene Freiheit nicht als neuen Notstand erleben.

Sie haben sich für die im Westen bewährte soziale Marktwirtschaft entschieden. Die Währungsunion ebnete den Weg zur Freizügigkeit der Menschen und zur wirtschaftlichen Initiative. Rechtliche Voraussetzungen für Wettbewerb und soziale Sicherheit wurden vorangetrieben.

Doch ein Ordnungssystem allein erzeugt nicht wirtschaftliche Leistung. Sie ist das Werk der Menschen.

Soziale Marktwirtschaft vollzieht sich nicht in Gesetzbüchern, sondern im Denken und Handeln der Menschen. Dazu gehört die Erfahrung, dass es Freiheit ohne Zumutungen nun einmal nicht gibt, dass der Aufschwung nicht über Nacht kommt. Die Betroffenen wissen es am allerbesten. Der Einschnitt ist für viele tief und hart: umlernen, umstellen, umziehen, suchen, neu anfangen. Aber die Erfahrung lehrt, dass sich die eigene Initiative immer lohnt.

Nicht weniger entscheidend ist unsere Zusammenarbeit im vereinten Land. Wir müssen jetzt solidarisch handeln – in aller ureigenstem Interesse. Für den wirtschaftlichen Aufbau in den neuen Bundesländern tragen wir nunmehr zusammen die Verantwortung. Wir sind gemeinsam am Erfolg interessiert. Denn was nicht gelingt, wird auf Dauer die Deutschen im Westen ebenso belasten wie die Deutschen im Osten. Unser Verfassungsauftrag lautet, allen Deutschen vergleichbare Lebensverhältnisse und Entfaltungschancen zu gewährleisten. Hierzu zählt auch eine offene und faire Einstellung gegenüber unseren ausländischen Mitbürgern.

Oft hört man heute, niemandem solle etwas genommen werden, es komme nur auf die Verteilung der Zuwächse an. Das ist schön gesagt in der Marketingsprache zeitgemäßer politischer Kommunikation. Bei nüchterner Betrachtung würde jedoch auch dies nichts anderes bedeuten als die Vertagung des Teilens auf die Zukunft. Das kann dann für viele menschliche Schicksale zu spät sein.

Nach einem chinesischen Sprichwort verwandeln sich Berge in Gold, wenn Brüder zusammenarbeiten. Es muss ja nicht Gold sein, und vor allem geht es auch nicht ohne Schwestern. Aber kein Weg führt an der Erkenntnis vorbei: Sich zu vereinen, heißt teilen lernen. Mit hochrentierlichen Anleihen allein wird sich die deutsche Einheit nicht finanzieren lassen. Öffentlich und privat gilt es umzudisponieren, um mitzuhelfen, einzusparen, um zu geben. Viele gute Beispiele zeigen, dass es geht, so bei Krankenhäusern, Schulen und Universitäten, bei Betrieben und Verbänden, bei Vereinen und Familien. Auch Städtepartnerschaften können sich zu sehr soliden Ecksteinen unserer Lebensgemeinschaft entwickeln.

Keine noch so kluge Theorie, keine noch so ausgefeilte Kalkulation ersetzt die grundlegende Erfahrung der Menschen aller Kulturen und Religionen, dass der Mensch sich dem anderen erst dann wirklich zuwendet, wenn er mit ihm teilt. Wirklich vereint werden wir erst sein, wenn wir zu dieser Zuwendung bereit sind. Wir können es. Und viele, ich glaube die meisten, wollen es auch.

Der Nationalstaat ist nicht am Ende. Wer aber glaubt, die Zukunft allein mit ihm meistern zu können, der lebt in einer vergangenen Zeit. Die wichtigsten Aufgaben kann heute keine Nation mehr allein lösen. Die modernen Systeme denken und funktionieren nicht national. Dies gilt für die Sicherheit und die Ökologie, für die Wirtschaft und die Energie, für den Verkehr und die Telekommunikation. Souveränität in unserer Zeit bedeutet Mitwirkung in der Gemeinschaft der Staaten.

Die Europäische Gemeinschaft hat dazu ein überzeugendes Modell geschaffen. Sie hat nationalstaatliche Befugnisse, und zwar gerade solche, die für eine friedliche Nachbarschaft von entscheidender Bedeutung sind, übernational zusammengefasst. Im Systemwettbewerb zwischen West und Ost sind von ihr die maßgeblichen Impulse für Reformen im Osten ausgegangen. Der Kalte Krieg ist überwunden. Freiheit und Demokratie haben sich bald in allen Staaten durchgesetzt. Nicht durch Zwang von Vormächten, sondern aus freien Stücken können sie nun ihre Beziehungen so verdichten und institutionell absichern, dass daraus erstmals eine gemeinsame Lebens- und Friedensordnung werden kann. Für die Völker Europas beginnt damit ein grundlegend neues Kapitel in ihrer Geschichte. Sein Ziel ist eine gesamteuropäische Einigung.

Es ist ein gewaltiges Ziel. Wir können es erreichen, aber wir können es auch verfehlen. Wir haben keine Zeit zu verlieren. Wir stehen vor der klaren Alternative, Europa zu einigen oder gemäß leidvollen historischen Beispielen wieder in nationalistische Gegensätze zurückzufallen.

Vorrangig sind jetzt greifbare Perspektiven für die wirtschaftliche und soziale Entwicklung der Länder Mittel-, Ost- und Südosteuropas. Die neu erworbene Freiheit muss sich verwurzeln können. Deshalb darf sie nicht in Not verkommen. Die Europäische Gemeinschaft kann dabei entscheidend helfen. Vor allem von ihr wird es abhängen, wie es in ganz Europa weitergeht.

Uns Deutschen kommt dabei eine Schlüsselrolle zu. Wir erheben unsere Stimme für eine konstruktive und gemeinsame Ostpolitik des ganzen Westens. Wenn jetzt alle Deutschen wieder unmittelbare Nachbarn der Polen geworden sind, dieses für uns so wichtigen Volkes, dann ist es unsere Aufgabe, darauf zu dringen, dass es zwischen der Gemeinschaft und Polen nicht in fernerer Zukunft, sondern in allernächster Zeit zu einer Assoziierung kommt. Ähnliches gilt für die Tschechoslowakei und Ungarn.

Die Sowjetunion, um ein weiteres Beispiel von zentraler Bedeutung zu nennen, bedarf auf ihrem unvergleichlich schwierigen Weg einer engen europäischen Zusammenarbeit. Die Sowjetunion will die alte Distanz zu Europa überwinden. Sie hat erkannt, dass die Einigung Deutschlands dafür kein Hindernis ist, sondern geradezu eine Voraussetzung. Das ist die wichtigste Botschaft der wahrhaft bedeutenden Zwei-plus-Vier-Konferenz. Und wir alle wissen, dass die zukünftige Stabilität in Europa von einem maßgeblichen Beitrag Moskaus abhängt. Die Westgrenze der Sowjetunion darf nicht zur Ostgrenze Europas werden.

Wenn wir Deutschen solche Signale in Richtung auf das ganze Europa setzen, dann geschieht dies in der festen Verbindung mit dem Westen. Sie hat unser Leben in der Bundesrepublik geprägt, unsere Energien mobilisiert und frische Kräfte hervorgebracht. Wir werden unsere atlantische und europäische Partnerschaft um keinen Preis aufs Spiel setzen. So lautet unser ureigenstes Interesse, das unsere Landsleute in den neuen Bundesländern teilen. Sie wissen, welche Bedeutung die Freundschaft vor allem mit Frankreich auch in Zukunft haben wird, und freuen sich nun ihrerseits auf diese direkte Nachbarschaft.

Wir werden nur weiterkommen, wenn wir mit unseren westlichen Partnern gemeinsam vorgehen, vor allem in der Gemeinschaft und durch sie. Alles, was die Mitgliedsländer für ganz Europa durch die Gemeinschaft tun, stärkt sowohl die Gemeinschaft als auch ihre Glieder. Wir Deutschen werden unseren Interessen am besten dienen und Sorgen unserer Partner am ehesten zerstreuen, wenn wir uns in der Stärkung der Gemeinschaft von niemandem übertreffen lassen und wenn wir ohne jede Verzögerung auf dem Weg zur Wirtschafts- und Währungsunion und zur politischen Union weitergehen, so wie wir es zugesagt haben.

Voll im Westen integriert und dem ganzen Europa zugewandt, so lautet die Aufgabe des vereinten Deutschlands. Wir werden ihr gerecht, wenn es später einmal heißt: Das entscheidende Kapitel zur Einigung des ganzen Europa nahm seinen Anfang mit der Überwindung der Teilung Deutschlands.

Je zügiger wir in Europa unsere eigenen Konflikte lösen, um so besser können wir auch unsere globalen Verpflichtungen erfüllen. Im Zeichen des Kalten Krieges haben Europäer immer wieder Spannungen und Waffen in die südliche Hemisphäre exportiert. Nun gilt es, den KSZE-Prozess zu fördern, die Rüstungen zu vermindern und die Hilfe für den Süden mit Nachdruck zu steigern. Schwerter zu Pflugscharen, dieses große Bibelwort aus der Zeit der friedlichen Revolution heißt heute nicht, auf vernünftige, hinlängliche Verteidigungsfähigkeit zu verzichten; es heißt, den Hunger in der Welt zu stillen und ihrer Not zu wehren. Die vielen jungen Stimmen aus allen Teilen des vereinten Deutschlands sind dafür eine Ermutigung.

Unsere Mitverantwortung unter den Völkern gilt besonders der Umwelt. Nicht alles, was Menschen technisch und ökonomisch fertigbringen, dürfen sie der Natur zumuten. Es geht um mehr als nur um die Bewohnbarkeit der Erde für den Menschen. Menschen können zerstören, was sie nicht geschaffen haben und worüber sie nicht verfügen dürfen: die Schöpfung. Diese Freiheit haben sie sich genommen. In der Verantwortung der Freiheit wird sich zeigen, ob sie ethisch und damit am Ende auch biologisch überlebensfähig sind.

Die Aufgabe ist im wahrsten Sinn global. Sie stellt sich weltweit für jeden Staat, für Länder, für Gemeinden und für den Einzelnen. Sie ist allgemein und daher auch die politischste Frage, der wir uns gegenübersehen. Beim neuen Anfang unserer Nation muss sie eine klare normative Antwort finden.

Das Grundgesetz gilt nun für alle Deutschen. Im Einigungsvertrag haben wir vereinbart, dass wir uns mit den Bestimmungen über Staatsziele befassen wollen. Es geht um Verfassungsaufträge, die nicht unter dem Vorbehalt einschränkender Gesetze stehen sollen, sondern den Gesetzgeber wie uns alle verpflichten. Gibt es zur Ergänzung unserer Ziele ein Dringlicheres als den Schutz der Natur in ihrer Rechtlosigkeit? Haben wir eine größere Aufgabe, als die Schöpfung zu bewahren und damit die Nachwelt zu schützen? Ich kenne keine.

Heute, liebe Landsleute, begründen wir unseren gemeinsamen Staat. Wie gut uns die Einheit menschlich gelingt, das entscheiden kein Vertrag der Regierungen, keine Verfassung und keine Beschlüsse des Gesetzgebers. Das richtet sich nach dem Verhalten eines jeden von uns, nach unserer eigenen Offenheit und Zuwendung untereinander. Es ist das »Plebiszit eines jeden Tages« (Renan), aus dem sich der Charakter unseres Gemeinwesens ergeben wird.

Ich bin gewiss, dass es uns gelingt, alte und neue Gräben zu überwinden. Wir können den gewachsenen Verfassungspatriotismus der einen mit der erlebten menschlichen Solidarität der anderen Seite zu einem kräftigen Ganzen zusammenfügen.

Wir wissen, wie viel schwerer es andere Völker auf der Erde zur Zeit haben. Wir haben den gemeinsamen Willen, die großen Aufgaben zu erfüllen, die unsere Nachbarn von uns erwarten. Die Geschichte gibt uns die Chance. Wir wollen sie wahrnehmen, mit Zuversicht und mit Vertrauen. Und die Freude, wir haben es gestern Abend gehört, die Freude, die wir empfinden, sie ist ein Götterfunken.

Die lernende Demokratie.
Richard von Weizsäcker und die historische Verortung der Bundesrepublik
Ein Essay von Edgar Wolfrum

Der Präsident der Bundesrepublik Deutschland wirkt durch das Wort. Er ist politisch zwar nicht ganz so ohnmächtig, wie manche glauben, doch soll er vor allem eine repräsentative und moralische Instanz sein. Als Lehre aus der Weimarer Republik hat der Parlamentarische Rat 1948/49 keinen fast allmächtigen „Ersatzkaiser" mehr geschaffen, wie es der Reichspräsident gewesen war.

In einer Demokratie, in einer pluralistischen Gesellschaft ist die Wirkmacht des Wortes nicht zu unterschätzen. Bereits Alexis de Tocqueville, der große französische Publizist und Politiker aus der ersten Hälfte des 19. Jahrhunderts, wusste, dass demokratische Völker der symbolischen Formen mehr als andere bedürfen und sie gewöhnlich weniger achten. Ein Defizit an symbolisch vermittelter Identifikation erscheint gefährlich – das Vakuum füllen dann Populisten, Demagogen und Heilspropheten jeglicher Couleur. Aber was war Deutschland nach 1945? Wo lag der Ort der Bundesrepublik in der deutschen Geschichte? Die Zerschlagung der Demokratie, die NS-Diktatur, der Vernichtungskrieg mit all seinen Verbrechen, der Holocaust, schließlich der Untergang des Deutschen Reiches, die deutsche Teilung, die territoriale Neugliederung und die Errichtung einer zweiten deutschen Diktatur im Osten – all dies türmte sich auf. Es waren dies hohe Hindernisse für die Bürgerinnen und Bürger, sich selbst zu begreifen. Wann jemals hätte Heinrich Heines so oft zitierter Nachtgedanke mehr Berechtigung gehabt? „Denk ich an Deutschland in der Nacht, dann bin ich um den Schlaf gebracht."

Sämtliche Staaten und Gesellschaften dieser Welt sind auch Kommunikationseinheiten, sind Interpretationsgemeinschaften. Sie benötigen ein gewisses gemeinsames Fundament an Werten, Erfahrungen und Orientierungen, welches die Menschen über alle Unterschiede hinweg eint. An dieser Stelle setzt die Bedeutung des Staatsoberhauptes ein, und alle bisher zwölf Bundespräsidenten der Bundesrepublik Deutschland wollten den Deutschen Orientierung geben, wollten gute Lehrer sein, wobei sich ihre jeweiligen Themen unterschieden. Richard von Weizsäcker, der als sechster Bundespräsident zwischen 1984 und 1994 amtierte und rasch zu einem der beliebtesten Politiker Deutschlands aufstieg, prägte die Republik insbesondere auf dem komplizierten Gebiet des deutschen Geschichtsbewusstseins. Kein Nachruf des 2015 Verstorbenen kam ohne Würdigung seiner Rede zum 8. Mai 1985 aus. Für viele Beobachter war dies die beste Rede seines Lebens, weil es niemand zuvor so auf den Punkt gebracht hatte, was die meisten Deutschen über den 8. Mai 1945 dachten und fühlten.

Freilich war Weizsäcker nicht der erste Bundespräsident, der sich intensiv mit der deutschen Geschichte auseinandersetzte, und er sollte nicht der letzte sein. Theodor Heuss rehabilitierte am zehnten Jahrestag des 20. Juli 1944 den (militärischen) Widerstand gegen Hitler als „Aufstand des Gewissens". Bis dahin waren Claus Schenk Graf von Stauffenberg und die vielen anderen Widerstandskämpfer aus allen Teilen der Gesellschaft als „Landesverräter" diffamiert worden. Mit einem Paukenschlag konfrontierte sodann Gustav Heinemann 1971 die Deutschen mit ihrer Geschichte. Anlässlich „hundert Jahre Reichsgründung" verkündete er zur besten Sendezeit im Fernsehen, es gebe nichts zu feiern, denn das Kaiserreich habe in die Sackgasse geführt. Auschwitz, Stalingrad und bedingungslose Kapitulation seien ohne es gar nicht erklärbar. Die Deutschen müssten sich von solchen verhängnisvollen obrigkeitsstaatlichen Traditionen lösen und stattdessen ein freiheitlich-demokratisches Geschichtsbewusstsein entwickeln. Einige Nachfolger Richard von Weizsäckers im Schloss Bellevue stellten die deutsche Erinnerungskultur nach der Wiedervereinigung ins Zentrum ihres Wirkens: Joachim Gauck integrierte die ostdeutsche Erfahrung in die lange Zeit einseitig altbundesrepublikanisch geformte Sicht auf die gemeinsame Vergangenheit. Als erster Bundespräsident, der in der israelischen Knesset reden durfte, was im Vorfeld heftige Debatten ausgelöst hatte, bat Johannes Rau die Juden um Vergebung. Und Frank-Walter Steinmeier plädierte jüngst dafür, die Revolution von 1918 als das zu feiern, was sie war: die Geburtsstunde der deutschen parlamentarischen Demokratie.

Richard von Weizsäckers Reden zur deutschen Geschichte gehören zu den Sternstunden historisch-politischer Aufklärung. Sie brachten ihm, der „Präsident aller Bürger" sein wollte, viel Zustimmung im Inland ein, und die Bundesrepublik erwarb sich hohes Ansehen im Ausland. Dies war keineswegs selbstverständlich. Denn er wirkte in einer Zeit, die von so heftigen erinnerungspolitischen Kämpfen geprägt war wie selten zuvor in der Geschichte der Bundesrepublik.

Die 1980er und 1990er Jahre waren eine Zeit beschleunigten Wandels. Der Wechsel von der sozial-liberalen zur christlich-liberalen Koalition 1982 war vom neuen Kanzler Helmut Kohl als „geistig-moralische Wende" überhöht worden. Dass 1989 die Revolution in der DDR und 1990 die Wiedervereinigung Deutschlands kommen würden, konnte niemand voraussehen. Vielmehr befand sich die Bundesrepublik auf einem geschichtspolitischen Kurs, der fast auf ihre Selbstanerkennung als „normale" Nation hinauslief. Zahlreiche Gedenkanlässe öffneten die Schleusen der Erinnerung: Es begann mit dem Preußen-Jahr 1981, die 150. Wiederkehr des Hambacher Festes folgte 1982, dann kam der 50. Jahrestag von Hitlers Machtübernahme am 30. Januar 1933. Trotzdem stand das Jahr 1983 ganz im Zeichen des 500. Geburtstages von Martin Luther. Gründungsjubiläen der Bundesrepublik und der DDR ergänzten den Reigen im folgenden Jahr, 1987 stand die Feier des 750. Jahrestages der Gründung Berlins auf dem Programm. Eine Welle von historischen Ausstellungen begleitete diese Ära der Gedenkfeiern, ferner wuchs die Zahl historischer Museen beträchtlich, und neue „Geschichtswerkstätten", die es sich zur Aufgabe machten, die „Geschichte von unten" zu erkunden, breiteten sich flächendeckend aus. Geschichte hatte Hochkonjunktur.

Angesichts der Museumspläne der Regierung Kohl schlugen die Emotionen besonders hoch. In der Bundeshauptstadt Bonn, so forderte Kohl bereits in einer ersten Regierungserklärung vom Oktober 1982, sollte ein „Haus der Geschichte der Bundesrepublik Deutschland" und in Berlin das „Deutsche Historische Museum" errichtet werden. Hier die Präsentation der lebendigen „Nation" Bundesrepublik, dort die Darstellung der verblichenen deutschen „Geschichtsnation". Kritiker witterten hinter beiden Projekten einen neokonservativen Geschichtsrevisionismus und mutmaßten, es solle ein staatszentriertes Geschichtsbewusstsein wiederbelebt werden, wie es dem Borussianismus des 19. Jahrhunderts zu eigen gewesen war. „Identität" stieg zum Schlüsselwort des Jahrzehnts auf. Von konservativer Seite bedeutete es eine Anklage gegen „linke" Vergangenheitsbewältigung. Diese verhindere eine „endgültige" Aufarbeitung der Vergangenheit und mache eine Identität, die auf einem positiven Geschichtsbild basieren müsse, unmöglich. Linksliberalen Intellektuellen, Politikern und „Sonderwegs"-Historikern wurde eine Art Fremdsteuerung unterstellt. Sie huldigten in blauäugiger Art und Weise der DDR-„Antifa-Mythologie". Mit der Vergangenheitsaufarbeitung als bundesrepublikanische „Dauerbüßeraufgabe", so lautete der Vorwurf, zielten sie darauf ab, das deutsche Selbstwertgefühl für ewig zu traumatisieren. Das Fazit lautete: Deutsche Geschichte müsse „entkriminalisiert" werden, um Raum für einen neuen Patriotismus zu schaffen. Die Entrüstung auf der linksliberalen Seite ließ nicht lange auf sich warten: Gerade in einem aufgeklärten Geschichtsbewusstsein, das die Verbrechen des „Dritten Reiches" schonungslos benannte, manifestiere sich die geistige Westbindung der Deutschen. Der „Historikerstreit" von 1986/87 sollte alle Kontroversen der vergangenen Jahre bündeln und ihnen zu einem explosionsartigen Ausbruch verhelfen.

Die Bundesrepublik Deutschland hatte sich seit ihrer Gründung 1949 nicht nur geschichtspolitisch, sondern insgesamt erheblich verändert. Wer bestehen will, darf sich einem Wandel nicht verschließen, Tradition ohne Reform verkommt sonst schnell zu verwaltetem Irrtum. Das gilt auch für Staaten und Gesellschaften. Die Bundesrepublik war eine Wohlstandsgesellschaft mit hoher Reformfähigkeit geworden. Reformbedarf und Reformdruck gingen stets Hand in Hand. Die deutsche Demokratie hat sich seit 1949 immer gewandelt, mal allmählich und still, mal rasch und ungestüm. Bei ihrer Gründung war nicht klar, wie sich dieser, in den zeitgenössischen Worten Golo Manns, „künstliche Homunkulus" Bundesrepublik entwickeln würde, ob er überhaupt eine Lebenschance hatte. In den frühen 1960er Jahren hielten manche die Bundesrepublik bereits für hyperstabil und starr; die provokative Frage von Karl Jaspers „Wohin treibt die Bundesrepublik?" zwang zur öffentlichen Auseinandersetzung. In den 1970er Jahren war es die breite Debatte um den deutschen „Identitätsverlust" und die Bedrohungen durch Terrorismus und Weltwirtschaftskrisen, die die Republik verunsicherten. Und in den 1980er Jahren tauchte zusätzlich zur erinnerungspolitischen Debatte das Menetekel der atomaren Vernichtung und der globalen Umweltkatastrophen auf und führte den Deutschen die „Risikogesellschaft" grell vor Augen.

Die Wandlungsprozesse der Deutschen von 1949 bis 1989 und dann bis in die Gegenwart – eine kurze Zeit in der Weltgeschichte – waren enorm. Vor dem Hintergrund der bisherigen Geschichte war die Bundesrepublik so etwas wie ein Glücksfall. Das Glück des – fast will man sagen „unverdienten" – Neuanfangs, also das Zufallsglück. Dieses Glück entsprang somit keineswegs nur eigenem Verdienst, sondern war vielmehr von außen gekommen und den internationalen Strukturen geschuldet. Von der Gunst der Stunde konnten die Westdeutschen profitieren, allein schon dadurch, dass sie – anders als die Ostdeutschen – auf der „richtigen" Seite des Kalten Krieges standen. Nicht weil die Menschen anders, sondern weil die Strukturen anders waren, gestaltete sich diese alles in allem glückliche Entwicklung im Westen so viel wirkmächtiger als im Osten.

Der Tag der Befreiung

Am 23. Mai 1984 wurde Richard von Weizsäcker mit mehr Stimmen als je einer seiner Vorgänger zum 6. Bundespräsidenten der Bundesrepublik Deutschland gewählt, er erhielt in der Bundesversammlung 832 von 1040 abgegebenen Stimmen. Innerhalb der CDU/CSU-Bundestagsfraktion war der 1920 Geborene 1968 bei der Abstimmung zum Kandidaten für das Amt des Präsidenten Gerhard Schröder, dem einstigen Außenminister, unterlegen. Bis 1981 gehörte er dem Deutschen Bundestag an, dann folgten drei Jahre als Regierender Bürgermeister von Berlin. Mit Helmut Kohl, dem Kanzler seiner Amtszeit als Bundespräsident, verband ihn ein schwieriges Verhältnis. Mitarbeiter meinten, aus den Freunden von Weizsäcker und Kohl seien zusehends Gegner geworden.

Kohls geschichtspolitischer Diskurs zielte auf eine Aussöhnung der Deutschen mit ihrer Vergangenheit – doch stellte sich der Kanzler ungeschickt an. Hinter seinen Worten von der „Gnade der späten Geburt", die er ausgerechnet in einer Ansprache in der israelischen Knesset am 25. Januar 1984 formulierte, witterten viele den Versuch, die Last der Verantwortung für die NS-Vergangenheit von sich und den Deutschen abzuwälzen. Und dass er am 5. Mai 1985 zusammen mit US-Präsident Ronald Reagan an der Kriegsgräberstätte bei Bitburg einen Kranz niederlegte, führte gleichermaßen zu einer heftigen Kontroverse in der Bundesrepublik wie in den USA, da dort neben Soldaten der deutschen Wehrmacht auch Angehörige der Waffen-SS beerdigt sind. Sollte hier, so warf ihm nicht nur die linksliberale Presse in Deutschland vor, die Bundesrepublik retrospektiv zu einem Mitglied der Westalliierten gemacht werden, womit der 8. Mai 1945 als Schlüsseldatum verschwand?

Drei Tage später, am 8. Mai 1985, hielt Bundespräsident Richard von Weizsäcker im Plenarsaal des Deutschen Bundestages seine berühmt gewordene Rede zum 40. Jahrestag des Endes des Zweiten Weltkrieges in Europa. Bis dahin befand sich der 8. Mai 1945 im geschichtspolitischen Klammergriff der DDR, die ihn pompös feierte, so als habe sie im Verbund mit der großen Schwester Sowjetunion Hitler alleine besiegt, und als wären alle Nazis Westdeutsche gewesen. Bis 1967 wurde der 8. Mai in der DDR als Feiertag begangen, bevor die Einführung der Fünf-Tage-Woche mit der Streichung solch arbeitsfreier Tage kompensiert werden musste. Doch blieb diese staatlich verordnete Deutungszäsur im Systemkonflikt eine scharfe und Jahr für Jahr eingesetzte geschichtspolitische Waffe gegen die Bundesrepublik.

Im Westen galt der 8. Mai als Tag der Kapitulation. 1965 hatte sich in Bonn der Tiefstand der deutsch-sowjetischen Beziehungen in einem Eklat offenbart: In der Bad Godesberger Stadthalle lud der sowjetische Botschafter Andrej Smirnow zur Siegesfeier „anlässlich des 20. Jahrestages des Sieges des Sowjet-Volkes im Großen Vaterländischen Krieg". Die bundesdeutsche Prominenz sagte entrüstet ab. Hans Kroll, einst Botschafter in Moskau, meinte: „Da kann ein Deutscher doch nicht hingehen und auf die eigene Niederlage trinken." Solche Worte lösten keinen Skandal aus. Sie passten ganz im Gegenteil in den Trend der Zeit. Denn bis Anfang der 1960er Jahre war vom Holocaust und dem rassischen Vernichtungskrieg gegen die Sowjetunion in Deutschland kaum die Rede gewesen, in der Öffentlichkeit schon gar nicht, aber auch die Geschichtswissenschaft forschte nicht bevorzugt darüber. Nur Minderheiten wagten hier und da zu stören, doch im Grunde herrschte ein von heute aus gesehen skandalöses Beschweigen des „Dritten Reiches". Schuldverdrängende Verharmlosung sowie allgemeine Vergangenheitsabwehr erzeugten ein Geschichtsbild, in dem der Eindruck erweckt wurde, dass der Nationalsozialismus als Heimsuchung und Verhängnis über die Deutschen gekommen sei. Als Motor einer neuen Auseinandersetzung mit der Vergangenheit wirkte dann der Generationenkonflikt. Die 68er-Generation hinterfragte die Lebensgeschichten ihrer Eltern. Viel wichtiger jedoch waren große Prozesse gegen NS-Täter, so der Eichmann-Prozess in Jerusalem 1961/62 und vor allem die Frankfurter Auschwitz-Prozesse in den 1960er Jahren. Jetzt erst begann eine verstärkte wissenschaftliche Beschäftigung mit dem Nationalsozialismus, jetzt erst fanden kritische Intellektuelle in der Öffentlichkeit zunehmend Gehör.

Vieles veränderte sich. Doch als die sozial-liberale Bundesregierung am 8. Mai 1970 erstmals offiziell im Deutschen Bundestag des Kriegsendes gedachte, protestierte die CDU/CSU energisch gegen eine solche „Kapitulations-Würdigung": Nationale Niederlagen könne man nicht feiern. Fünf Jahre später plante Bundespräsident Walter Scheel aus Anlass des 30. Jahrestages von 1945 eine Gedenkveranstaltung im Plenarsaal des Bundestages abzuhalten, was von der Opposition abgelehnt wurde.

Trotzdem ließen sich erinnerungskulturelle Wandlungen nicht mehr übersehen. Willy Brandts Kniefall am Mahnmal des Warschauer Ghettos, der von der bundesdeutschen Bevölkerung seinerzeit noch sehr gemischt aufgenommen wurde, verdichtete vieles, besonders aber zweierlei: die Anerkennung deutscher Schuld und Verantwortung sowie die Darstellung der Bundesrepublik als Friedensmacht. Im Januar 1979 strahlte die ARD die amerikanische TV-Serie „Holocaust" aus. Viele professionelle Historiker konnten in ihr nur eine rührselige, wenn nicht gar fatale Dramatisierung der Verfolgung und Ermordung der Juden sehen – eine typische Seifenoper eben. Für Millionen von – gerade jüngeren – Zuschauern jedoch war die Serie, die das Schicksal einer jüdischen Familie und die NS-Karriere eines Obersturmbannführers in den Mittelpunkt rückte, die fesselnde, anrührende und auch wahrhaftige Darstellung der nationalsozialistischen Verbrechen.

Ein Jahr vor der Weizsäcker-Rede hatte Heinrich Böll formuliert: „Ihr werdet die Deutschen immer wieder daran erkennen können, ob sie den 8. Mai als Tag der Niederlage oder als Tag der Befreiung bezeichnen." Es war ein schwieriges Terrain, auf dem sich der Bundespräsident bewegte. Die Mehrheit der Deutschen hielt 1945 bis zuletzt an ihrem Führer fest und fühlte sich am 8. Mai besiegt, aber nicht befreit. Natürlich war man dankbar darüber, mit dem Leben davongekommen zu sein. Das Verständnis dafür jedoch, dass Besiegtsein und Befreitwerden unlöslich miteinander verbunden waren, stellte sich erst viel später ein.

Weizsäckers Rede erwies sich als geglückte Gratwanderung. Sie fußte auf neuen historischen Forschungsergebnissen, und sie nahm vieles auf, was in den vorangegangenen Jahren geäußert, doch oft nicht zur Kenntnis genommen worden war. So hatte der evangelische Theologe Helmut Gollwitzer bereits 1955 betont, dass man das Jahr 1933 mitbedenken müsse, wenn die Deutschen 1945 sagen. Und im selben Jahr hatte Theodor Heuss, der eine erinnerungspolitische „Schamkultur" seiner Landsleute einforderte, mit Blick auf 1945 von einem „Gefühl des Befreit-Seins" gesprochen. Genauer als jemals zuvor jedoch gedachte von Weizsäcker nun der Opfer, auch wenn die Täteranklage eher verhalten blieb: „Wer seine Ohren und Augen aufmachte, wer sich informieren wollte, dem konnte nicht entgehen, dass Deportationszüge rollten." Und somit frage „jeder, der die Zeit mit vollem Bewusstsein erlebt hat, (...) sich heute im Stillen selbst nach seiner Verstrickung". Von Weizsäcker verwob alle Aspekte miteinander, die in vier Jahrzehnten kontroverser Diskussion die deutsche Erinnerungskultur herausgebildet hatten: Er wandte sich an die Erlebnisgeneration, warf die Schuldfrage auf, betonte unterschiedlichstes Leid und bettete alles ein in eine übergreifende Darstellung des 8. Mai als Erfahrungszäsur. „Und dennoch wurde von Tag zu Tag klarer, was es heute für uns alle gemeinsam zu sagen gilt: Der 8. Mai war ein Tag der Befreiung. Er hat uns alle befreit von dem menschenverachtenden System der nationalsozialistischen Gewaltherrschaft."

Als differenzierte Auseinandersetzung mit dem Nationalsozialismus wirkten die Ausführungen Richard von Weizsäckers national und international nach. Der 8. Mai leistet seither eine politische und kulturelle Vermittlung: Er stiftet nationale Identität und öffnet den Deutschen zugleich das Tor zum universalen Wertekosmos. So hat die Rede selbst mittlerweile den Status eines Erinnerungsortes.

In einem mühsamen und langen Prozess wurde also der Erinnerungsimperativ an den Nationalsozialismus konstitutiv für den bundesdeutschen Rechtsstaat und dessen Westbindung. Dies war die wichtigste Folge der Weizsäcker-Rede und auch des fast gleichzeitig ausgefochtenen „Historikerstreites" um die Singularität des Holocaust. Aus der Aufarbeitung der NS-Verbrechen und der damaligen Verstrickung und Schmach vieler Deutscher entstanden Ansehen und Lauterkeit der Bundesbürger. Dabei war die Einsicht unabdingbar, dass Vergangenheit nicht ein für alle Mal „bewältigt" werden kann. Vergangenheitsbewältigung war und bleibt ein ständiger Prozess und ein Lebenselixier für eine lebendige Demokratie, die so ihren Triumph über die Diktatur tagtäglich erneuern muss.

Verfassungspatriotismus
Am 23. Mai 1989 wurde Richard von Weizsäcker mit großer Mehrheit (881 von 1022 abgegebenen Stimmen) von der Bundesversammlung wiedergewählt. Umfragen ergaben, dass er in der Bevölkerung Zustimmungswerte von 94 Prozent verzeichnen konnte. Die Rede vom 24. Mai zu „40 Jahre Grundgesetz der Bundesrepublik Deutschland" bei einem Staatsakt in der Beethovenhalle in Bonn war sozusagen seine Antrittsrede. Wieder war sie prägnant, Selbstbewusstsein einfordernd, eine Lehrstunde der Demokratie. Die Verfassung sei „kein Werk der Siegermächte, sondern deutsch". Dies war gegen den alten Anwurf von der Seite antidemokratischer Kräfte in Deutschland gemünzt, wonach westliche Demokratie den Deutschen wesensfremd sei. Nein: Die Demokratie ist den Deutschen nicht geschenkt worden, sie hatte eine feste Basis in eigenen Traditionen.

Die Bundesrepublik vor 1989 war ja keine Schrebergartenidylle. Es gab harte Krisen. Und das Grundgesetz ist 1948/49 nicht von ein paar alten Männern und einigen wenigen alten Frauen in weltfremder Abgeschiedenheit auf dem Chiemsee, dem Rittersturz und in Bonn verfasst worden. Wir können uns die Situation nicht dramatisch genug vorstellen: Vorausgegangen war der schärfste Zivilisationsbruch der modernen Geschichte, Vernichtungskrieg und Holocaust, und als die Beratungen zum Grundgesetz begannen, war mit Wucht der Kalte Krieg aufgezogen, dessen erster Höhepunkt die Berlin-Blockade darstellte. Nicht wenige fürchteten einen dritten Weltkrieg. In jenen, die das Grundgesetz schufen, manifestierte sich die Opposition gegen den Nationalsozialismus. Und vor allem war das Grundgesetz eine Weltneuheit: die erste posttotalitäre Verfassung nach 1945.

Anders als der Weimarer Republik war der Bonner Republik viel Zeit zum Lernen vergönnt. So wurde die Bundesrepublik auf dem Boden des Grundgesetzes zu einer lernenden Demokratie, und die Lernprozesse sind, auch in Weizsäckers Sicht, das Entscheidende des Erfolges. Aus defensiven Demokraten wurden allmählich offensive. Wie man es auch dreht und wendet: Niemals in der deutschen Geschichte hatte es einen Staat gegeben, der den Ansprüchen der Menschen nach Freiheit in Verbindung mit sozialer Gerechtigkeit in derart bemerkenswerter Art und Weise gerecht zu werden vermochte. Die Bundesrepublik war der wichtigste Durchbruch zur Demokratie in Deutschland.

Doch die Furcht vor einer Wiederkehr der Weimarer Verhältnisse stand an der Wiege des Bonner Grundgesetzes 1949. Fast hatten die Väter und Mütter des Grundgesetzes wieder den berühmten Ballhausschwur geleistet. So wie am Beginn der Französischen Revolution 1789 die Abgeordneten in der Pariser Ballsport-Halle gelobten, nicht auseinanderzugehen, bevor sie Frankreich eine Verfassung gegeben hätten, so versprachen die deutschen Abgeordneten nun, die Lehren aus den schlimmen Erfahrungen der jüngsten Geschichte gezogen zu haben. Tatsächlich blieb eine neuerliche Katastrophe aus. Die Verfassungsgerichtsbarkeit ist der größte Erfolg des Verfassungssystems, und das konstruktive Misstrauensvotum bildet seit 1949 den bedeutendsten Clou deutschen Verfassungsrechts. Die wichtigste Lehre, die das Grundgesetz aus der Weimarer Entwicklung gezogen hat, ist jedoch die Begrenzung der Verfassungsänderung nach Artikel 79 Absatz 3 des GG. Der Kern der demokratischen Verfassung ist jeder legalen Änderung entzogen. Die Demokratie kann nicht in eine Diktatur oder Monarchie umgewandelt werden. Dies ist deswegen so zentral, weil in der Weimarer Zeit sowohl die Nationalsozialisten als auch die Kommunisten ihre klare Zielsetzung, mit der demokratischen Verfassung Schluss zu machen, als rechtmäßig ausgeben konnten. Hitler postulierte, mit legalen Mitteln die Demokratie auszuhebeln und abzuschaffen. Nach dem überwiegenden Verständnis der Weimarer Verfassung war dies völlig legal, weil man die Demokratie mit Zweidrittelmehrheit in eine Diktatur verwandeln konnte. Das so genannte Ermächtigungsgesetz ist 1933 formell mit verfassungsändernder Mehrheit verabschiedet worden.

Keine demokratische Verfassung der Welt enthielt, das muss zur Ehrenrettung der Weimarer Verfassung betont werden, damals jedoch eine Sicherung des Verfassungskerns gegen Verfassungsänderungen. Verfassungen sind Rahmen und Richtmaß der Politik – nicht weniger, aber auch nicht mehr. Wie die Politik diesen Rahmen ausfüllt und wie sie Ziele verwirklicht, ist eine ganz andere Sache. Entscheidend ist nicht unbedingt die Konstruktion der Verfassung, sondern die Situation der Zeit. Das gesellschaftliche Einverständnis zum Grundgesetz wuchs nach 1949 in einer langen Periode von Frieden und Wohlstand. Unvorhersehbare Gefahren von existenzbedrohender Größe blieben glücklicherweise aus. So konnte sich der Konsens der demokratisch gesonnenen Bürgerinnen und Bürger entwickeln. Er war nicht von Anfang an vorhanden. Die Schönwetterphase dauerte lang – auch dies war nicht allein Verdienst, sondern auch Glück. Die Bundesrepublik hatte im Übermaß das, woran es Weimar so sehr mangelte: Ruhe und Glück. Weimar hingegen hatte Hektik und Tragik.

Seit den friedlichen Revolutionen 1989 und dem Untergang des Kommunismus sehen wir in etlichen Staaten Osteuropas deutsche Verfassungstraditionen: Der Grundrechtsteil vieler Verfassungen in den ostmitteleuropäischen Ländern beruht vor allem auf dem deutschen Grundgesetz von 1949 – das übrigens auch die spanische Verfassung nach dem Tod Francos und die Demokratisierung seit 1975 stark beeinflusste – und der Europäischen Menschenrechtskonvention. Fast überall ist die Verfassungsgerichtsbarkeit nach diesem Modell übernommen. Doch die Rolle des Staatspräsidenten ist in vielen ostmitteleuropäischen Verfassungen nach dem Vorbild des französischen Staatspräsidenten festgelegt worden. Diese Institution wiederum ist allerdings nach dem Muster der Weimarer Verfassung ausgestattet.

So geachtet und berühmt das Grundgesetz international war – die Erinnerung an sein Inkrafttreten am 23. Mai 1949 blieb in der Bundesrepublik lange Zeit nur sehr schwach ausgeprägt. In der Öffentlichkeit war dieses Datum so gut wie nicht präsent. Seit 1973 setzte jedoch eine Debatte ein, ob man den „Nationalfeiertag" des 17. Juni – den „Tag der deutschen Einheit", der seinerseits immer mehr verblasste – nicht besser durch den 23. Mai ersetzen sollte. In diesem Jahr jährte sich der 17. Juni zum zwanzigsten Male, 1974 wurde das Grundgesetz 25 Jahre alt, und auch ältere Verfassungstraditionen der Frankfurter Paulskirche von 1848/49 und der Weimarer Nationalversammlung hatten ihr Jubiläum. Linksliberale Publizisten und Politiker plädierten für einen „fröhlichen Feiertag des ganzen Gemeinwesens", denn die Bundesrepublik sei der beste deutsche Staat, den es je gegeben habe, und er verdiene die Identifikation seiner Bürgerinnen und Bürger. Eine doppelte Stoßrichtung schlug hier durch: Zum einen ging es gegen den verzopften Nationalkonservativismus auf Seiten der Rechten, zum anderen gegen die vulgärmarxistische Denunziation der Bundesrepublik auf Seiten der Linken.

Die Debatte war mithin schon einige Jahre in Gang, bevor der große Politikwissenschaftler Dolf Sternberger 1979 seine Würdigung des Grundgesetzes in einem vielbeachteten Leitartikel der „Frankfurter Allgemeinen Zeitung" mit „Verfassungspatriotismus" überschrieb und damit den Begriff in der breiten Öffentlichkeit bekannt machte. In den 1980er Jahren erfuhr dieses Identitätskonzept große Resonanz, und Richard von Weizsäckers Rede zu 40 Jahren Grundgesetz ist ganz durchdrungen von diesem Gedanken. Zu verschiedenen Anlässen versuchte er, diese Form des Patriotismus zu popularisieren. In einem Gespräch 1992 sagte er, dass er die ganze Diskussion über den Verfassungspatriotismus deshalb lebhaft begrüßt habe, weil die Werte der Verfassung auch patriotisches Handeln und Empfinden maßgeblich mitbestimmen sollten und man nicht zu einem Nationalismus des 19. Jahrhunderts zurückkehren dürfe.

Trotz der präsidialen Weihen erlangte der Verfassungspatriotismus keine hegemoniale Stellung in Deutschland. Nach der Wiederherstellung des deutschen Nationalstaates 1990 ist die normative Bedeutung des Verfassungspatriotismus sogar wieder in Misskredit geraten. Kritikern gilt er als Ausdruck des postnationalen Sonderwegs der alten Bundesrepublik, die damit ihr fehlendes Nationalbewusstsein kompensiert habe. 1989 jedoch gab es für den Bundespräsidenten keinen Zweifel: Mithilfe des Verfassungspatriotismus konnte man sich auch auf die nationale Frage besinnen, da das Grundgesetz zur Überwindung der deutschen Teilung verpflichtete.

Deutsche Einheit
Richard von Weizsäcker hatte die Vollendung der Einheit in Freiheit aller Deutschen nie aus den Augen verloren, auch wenn er – wie alle anderen – nicht vorhersehen konnte, in welcher Gestalt sie dereinst kommen würde. Schon als Regierender Bürgermeister von Berlin und als Ratsmitglied der Evangelischen Kirche in Deutschland, dieser so wichtigen gesamtdeutschen Klammer, hatte er sich für eine Annäherung zwischen Ost und West eingesetzt. Anders als viele seiner konservativen Parteifreunde hatte er die Neue Ostpolitik Willy Brandts befürwortet.

Doch wer dachte überhaupt an eine staatliche Einheit? Die Gesellschaften überall auf der Welt veränderten sich so stark, dass eine „Rückkehr der Nation" nicht vorstellbar war. Seit der Mitte der 1970er Jahre und verstärkt in den 1980er Jahren erhielten die neuen sozialen Bewegungen großen Zulauf. Besonders die Ökologiebewegung wuchs angesichts internationaler Umweltkatastrophen mächtig an, aber auch die globale Frauenbewegung und Anfang der 1980er Jahre dann die Friedensbewegung. Ganz allgemein entfalteten unzählige Bürgerinitiativen ihre Aktivitäten. Die bestehenden politischen Institutionen der Bundesrepublik erwiesen sich nach wie vor als stabil – sie waren viel gefestigter als in den anderen westlichen Industriestaaten –, doch verloren sie an exklusiver Bindungskraft. Stürmische Veränderungen im Weltmaßstab erfassten die Gesellschaft und die Sozialkultur. Mikroelektronik, Massenkommunikationsmittel, Medialisierung vieler Lebensbereiche, dann die Gentechnik und die Biotechnologie führten zu neuen Stufen der industriellen Revolution. Hinzu trat ein weiterer „Megatrend": Anhaltende soziale Differenzierungen und demografische Entwicklungen – berufliche Mobilität, Einwanderung, Verlängerung des Lebensalters, Rückgang der Geburtenraten – brachten gewachsene Sozialstrukturen in Bewegung.

Die Revolutionen im Osten, der Untergang des Kommunismus und die deutsche Wiedervereinigung schlossen ein ganzes Zeitalter ab: die seit 1917 bestehende Epoche der Zweiteilung der Welt. Wenige Jahre zuvor lag der sang- und klanglose Einsturz kommunistischer Diktaturen noch außerhalb jedes Vorstellungshorizonts. Am Vorabend der „unverhofften Einheit" schien es vielen, als habe sich die Bundesrepublik Deutschland nach 40 Jahren selbst anerkannt. Dann stand plötzlich die Chance nationaler Einheit vor der Tür. Wie ein erratischer Block ragt die Wiederkehr der Nation in die allgemeine Entwicklungstendenz dieser Zeit hinein. Denn seit den 1970er Jahren hatte sich die Bedeutung von Territorialität und Nationalstaat zugunsten von regionalen, europäischen und globalen Tendenzen reduziert.

Mit der Öffnung der Mauer am 9. November 1989 war die DDR im Grunde genommen am Ende. Verlor der SED-Staat die Kontrolle über seine Grenze, konnte er sein hässlichstes Bauwerk nur um kurze Zeit überleben. Am 7. Dezember begannen die Gespräche zwischen Regierungsvertretern und Oppositionsgruppen am runden Tisch in der DDR. Wie sollten, wie konnten demokratische Strukturen geschaffen werden? Als bei den ersten freien Wahlen in der DDR am 18. März

1990 die CDU-dominierte Allianz für Deutschland siegte, verengten sich die Möglichkeiten. Am 1. Juli trat die Wirtschafts-, Währungs- und Sozialunion in Kraft, am 12. September wurde der Zwei-plus-Vier-Vertrag unterzeichnet, der die äußeren Aspekte der Einheit festlegte, und am 20. September 1990 stimmten die beiden deutschen Parlamente mit der nötigen Zweidrittelmehrheit dem Einigungsvertrag zu. Am 1. Oktober unterzeichneten die vier Siegermächte des Zweiten Weltkrieges eine Erklärung, in der das vereinigte Deutschland seine volle Souveränität zurückerhielt, und am 3. Oktober traten die wiederbegründeten Länder der DDR der Bundesrepublik Deutschland bei. Innerhalb kürzester Zeit wurde eine Jahrhundertfrage gelöst.

Der Beitrittsmodus nach Artikel 23 des Grundgesetzes war umstritten. Das Verfahren suggerierte, es sei lediglich ein neues Bundesland zur BRD hinzugetreten, so wie 1956 das Saarland. Ein anderer Weg wäre eine Vereinigung auf der Grundlage des Artikels 146 des Grundgesetzes gewesen. Dort hieß es: „Dieses Grundgesetz verliert seine Gültigkeit an dem Tage, an dem eine Verfassung in Kraft tritt, die von dem deutschen Volke in freier Entscheidung beschlossen worden ist." Richard von Weizsäcker hätte, wie so viele ostdeutsche Bürgerrechtler, diesen Weg bevorzugt, hätte lieber eine gemeinsame Verfassung erarbeitet. Das Grundgesetz sei nun einmal ursprünglich provisorisch gedacht gewesen. Doch die deutsche Wiedervereinigung kam, und das Grundgesetz blieb. Musste man deshalb nicht eine mangelnde Legitimation der Einheit beklagen? Oder hätte man die Zeit gar nicht gehabt?

War nicht sogar Eile geboten? Wer wusste schon, wann sich das Fenster der Gelegenheit wieder schloss?

Zu Weizsäckers Rede am 3. Oktober 1990 bemerkte Angela Merkel, die in der DDR aufgewachsen war, dass sie im Inneren jubiliert habe, als er sagte: „So erleben wir den heutigen Tag als Beschenkte – die Geschichte hat es dieses Mal gut mit uns Deutschen gemeint." Das war das eine. Das andere war, dass die Selbstzufriedenheit und Erfolgsgeschichte der „alten" Bundesrepublik 1990 zum Problem wurde: Man dachte, die deutsche Einheit aus der Portokasse bezahlen und im Handumdrehen blühende Landschaften schaffen zu können. Verzichtet wurde auf einen nationalen Blut-Schweiß-und-Tränen-Appell. Die Bonner Regierung vermittelte den Eindruck, die Einheit sei quasi zum Nulltarif zu bekommen. Verstanden die West-Politiker überhaupt die Sorgen und Nöte der Bürger im Osten, nahmen sie sie überhaupt wahr? Von Weizsäcker war unzufrieden damit, wie es lief. Ja, Deutschland müsse zusammenwachsen, dürfe aber nicht unangemessen schnell und unkontrolliert „zusammenwuchern", wie er sagte. Unmittelbar nach seiner Rede am 3. Oktober setzte dort im Saal Gemurmel ein, wo das Regierungslager saß. Warum betonte der Bundespräsident so stark, dass die Deutschen sich fremd geworden seien? Warum wies er so ausführlich auf Schwierigkeiten hin: Wirtschaftsprobleme, Stasihinterlassenschaften, Identitätsunsicherheiten? Warum sagte er: „Sich vereinen heißt teilen lernen"? Und dann auch noch eine direkte Salve an die Regierenden: Oft höre man heute, niemandem solle etwas genommen werden, es komme nur auf die

Verteilung der Zuwächse an. „Das ist schön gesagt in der Marketingsprache politischer Kommunikation. Bei nüchterner Betrachtung würde jedoch auch dies nichts anderes bedeuten als die Vertagung des Teilens in die Zukunft." Gehörte so viel Kritik in eine Festrede?

Ja. Denn die Deutschen hatten mehr Glück als Vaterlandsliebe. Kein Mensch hatte den Gang der Ereignisse voraussehen können. Den 3. Oktober begingen die Deutschen als „Beschenkte". Sie taumelten in die Einheit, lagen sich in den Armen. Bald darauf lagen sie sich in den Haaren. Die Folgen sehen wir bis heute.

1989 war eine erfolgreiche Revolution, ein dramatischer Prozess der Selbstbefreiung. Wir sollten uns davor hüten, die DDR zu verharmlosen. Sie umfasst beides: einen Normenstaat mit gültigen Regeln für alle und einen Maßnahmenstaat, wo Willkür herrscht. Nicht Krippenplätze für Kinder sind der Maßstab zur Bewertung einer Diktatur, sondern Repression, Schießbefehl und politische Justiz. Die ostdeutsche Geschichte ist außerdem kein Eigentum der Ostdeutschen und die westdeutsche ist kein Eigentum der Westdeutschen. Viele Ostdeutsche wie Westdeutsche pflegen auch gegenwärtig noch die Nostalgie ihrer vormaligen Eigenstaatlichkeit. Es ist regelrecht deprimierend, wenn auch 30 Jahre nach dem Mauerfall die realsozialistische Fürsorge oder die Polikliniken, das stille Glück im privaten Winkel gegen den Zwangscharakter der Diktatur, gegen politische Justiz, gegen Mauer und Stacheldraht ins Feld geführt werden. Humane Alltagsaushilfen können nicht als Zeugen gegen die Inhumanität des Systems bemüht werden.

Aber auch viele Westdeutsche verstehen den Osten nicht. Sie können es sich nicht vorstellen, was es bedeutete, von heute auf morgen in einem anderen Staat zu leben. Die meisten Ostdeutschen wünschten sich die Wiedervereinigung, doch die eigenen Lebensleistungen bis 1990 waren deshalb nicht weniger wertvoll als jene der „Brüder und Schwestern" im Westen, mit denen es die Geschichte besser gemeint hatte.

Die Bundesrepublik ist trotz aller Herausforderungen und auch Gefährdungen noch heute eine reformfähige Wohlstandsgesellschaft wie nur wenige in der Welt. In schwierigen Zeiten hat sie und haben die Deutschen bisher nach innen wie nach außen die Balance gewahrt. Wenn man sich Deutschland im Jahr 1945 vor Augen führt – ein Paria in der Weltgemeinschaft aufgrund der nationalsozialistischen Verbrechenspolitik – und wenn man bedenkt, dass das Land eine vierzigjährige Teilung überstanden hat, dann nehmen sich heutige Probleme nicht mehr ganz so gewaltig aus.

Umfragen zeigen, dass die Deutschen durchaus mit einem Gefühl der Dankbarkeit zurückblicken. Aber Menschen leben nicht in der Vergangenheit, sondern in der Gegenwart und wollen eine Option für die Zukunft. „Wir haben Glück gehabt" – das ist kein Wechsel auf die Zukunft. Der Erfahrungsraum muss mit dem Erwartungshorizont zusammengebracht werden. Eine Demokratie kann nicht allein als Technokratie bestehen, so erfolgreich sie sein mag; ein historisch flach verwurzeltes Gemeinwesen ist in Krisensituationen anfällig. Geschichte ist immer auch Gegenwart und Zukunft. Und wenn der

Umgang mit Geschichte der Aufklärung verpflichtet ist und Orientierung bietet, dann kann man aus der Geschichte – mit ihren guten wie mit ihren schlechten Seiten – lernen. Die Bundesrepublik war und ist eine lernende Demokratie, und zum Lernen gehören gute Lehrer wie Richard von Weizsäcker.

Literaturhinweise

Biebricher, Thomas, Geistig-moralische Wende. Die Erschöpfung des deutschen Konservatismus, Berlin 2019.

Conze, Eckart, Die Suche nach Sicherheit. Eine Geschichte der Bundesrepublik Deutschland von 1949 bis in die Gegenwart, München 2009.

Hofmann, Gunter, Richard von Weizsäcker. Ein deutsches Leben, München 2010.

Kirsch, Jan-Holger, „Wir haben aus unserer Geschichte gelernt." Der 8. Mai als politischer Gedenktag in Deutschland, Köln/Weimar/Wien 1999.

Kowalczuk, Sascha-Ilko, Endspiel. Die Revolution von 1989 in der DDR, München 2009.

Möllers, Christoph, Das Grundgesetz. Geschichte und Inhalt, München 2019.

Rensing, Matthias, Geschichte und Politik in den Reden der deutschen Bundespräsidenten 1949–1984, Münster/New York 1996.

Rödder, Andreas, Deutschland einig Vaterland. Die Geschichte der Wiedervereinigung, München 1999.

Rudolph, Hermann, Richard von Weizsäcker. Eine Biographie, Berlin 2010.

Winkler, Heinrich August, Der lange Weg nach Westen. Band 2: Deutsche Geschichte vom Dritten Reich bis zur Wiedervereinigung, München 2000.

Wirsching, Andreas, Abschied vom Provisorium. Geschichte der Bundesrepublik Deutschland 1982–1990, München 2006.

Wolfrum, Edgar, Geschichtspolitik in der Bundesrepublik Deutschland. Der Weg zur bundesrepublikanischen Erinnerung, Darmstadt 1999.

Wolfrum, Edgar, Die geglückte Demokratie. Geschichte der Bundesrepublik Deutschland von ihren Anfängen bis zur Gegenwart, Stuttgart 2006.

Biografische Notiz

Professor Dr. Edgar Wolfrum (Jg. 1960) ist Inhaber des Lehrstuhls für Zeitgeschichte an der Universität Heidelberg und Autor zahlreicher Veröffentlichungen zur deutschen und europäischen Geschichte. Zu seinen wichtigsten Werken zählen: Die geglückte Demokratie. Geschichte der Bundesrepublik Deutschland von ihren Anfängen bis zur Gegenwart, Stuttgart 2006, Die Mauer. Geschichte einer Teilung, München 2009, Rot-Grün an der Macht. Deutschland, 1998–2005, München 2013, Welt im Zwiespalt. Eine andere Geschichte des 20. Jahrhunderts, Stuttgart 2017, Der Aufsteiger. Eine Geschichte Deutschlands von 1990 bis heute, Stuttgart 2020.

Richard von Weizsäcker – biografische Daten[1]

Richard Freiherr von Weizsäcker wurde am 15. April 1920 in Stuttgart geboren. Nach dem Abitur studierte er in Oxford und Grenoble und leistete dann von 1938 bis 1945 Militärdienst. Nach Kriegsende studierte er Rechtswissenschaft und Geschichte und promovierte anschließend zum Dr. jur. Noch als Student assistierte er 1948 dem Rechtsanwalt, der von Weizsäckers Vater bei den Nürnberger Kriegsverbrecherprozessen verteidigte.
1954 trat er der CDU bei.
Nach einer Tätigkeit für Mannesmann wurde er persönlich haftender Gesellschafter des Bankhauses Waldthausen & Co. in Essen und Düsseldorf. Ab 1962 arbeitete er für das Chemieunternehmen von C. H. Boehringer in Ingelheim.
Ebenfalls 1962 trat er dem Präsidium des Evangelischen Kirchentags bei, dessen Präsident er bis 1970 war.

---

[1] Dieser Text ist mit freundlicher Genehmigung auszugsweise der Darstellung des Bundespräsidialamtes zu Richard von Weizsäcker entnommen, abrufbar unter: http://www.bundespraesident.de

Ab 1966 war er Mitglied des Bundesvorstands der CDU. 1969 wurde er in den Bundestag gewählt, dem er bis 1981 angehörte. 1978 ging von Weizsäcker nach Berlin und blieb dort Oppositionsführer, bis er 1981 zum Regierenden Bürgermeister gewählt wurde.

Schon 1974 hatte er für das Amt des Bundespräsidenten kandidiert. 1984 stellte er sich erneut zur Wahl und wurde mit einer überwältigenden Stimmenmehrheit gewählt. Er fand klare Worte zur deutschen Vergangenheit, trat für demokratische und christliche Werte ein, versuchte Konsens herzustellen und äußerte sich klar und deutlich, wo es nötig schien. Er sprach sich für Aussöhnung und Gespräch mit der Sowjetunion und der DDR aus, denn er empfand sich als Präsident aller Deutschen und sprach daher auch zu den Bürgern der DDR.

1989 wurde von Weizsäcker mit einem noch besseren Ergebnis für eine zweite Amtszeit gewählt. Nach dem Fall der Mauer mahnte er zur „Behutsamkeit beim Zusammenwachsen von DDR und Bundesrepublik Deutschland" und setzte sich für Berlin als Hauptstadt des vereinigten Deutschlands ein.

Seit seinem Ausscheiden aus dem Amt bestätigte von Weizsäcker seinen Ruf als „politischer" Bundespräsident, indem er eine Reihe von Vorsitzen in verschiedenen Gremien innehatte, Vorlesungen hielt und weiterhin Stellung zu den aktuellen politischen Debatten nahm. Er starb am 31. Januar 2015 in Berlin.

Richard von Weizsäcker war evangelisch. Seit 1953 war er mit Marianne geb. von Kretschmann verheiratet. Aus der Ehe sind vier Kinder hervorgegangen.